天下文化

BELIEVE IN READING

KRYPTON
10 KG
KRYPTON
10 KG

PTON
15 KG
KRYPTON

ARMOUR

15 KG
KRYPTON

郭婞淳

KUO Hsing-Chun

舉重若輕的婞念

郭婞淳等——口述
葉士弘——採訪撰文

「舉重若輕，就是那種槓鈴在手上看起來沒有重量，

用身體的協調性與柔軟度去對抗剛硬的槓鈴，

以柔克剛的流暢。」

獻給每一個認真生活的你。

目錄

Part 2 全方位的自我鍛鍊

Part 4 成為有光的人　202

Part 1

堅定信念

讓時間來證明，
我相信什麼？

「路是自己選的，一定要自己走下去。」

「沒有極限」的強大信念

運動場上的成功，往往不單在於卓越的技巧，更多是來自正向的態度及強大的信念，態度會大大影響一個人面對挫折和考驗的方式，信念則會幫助一個人在抵達成功之前度過枯燥卻必要的練習，此即是郭婞淳成為世界頂尖運動員的一大關鍵。

郭婞淳在出生時就面臨著臍帶繞頸、胎位不正、體重過輕的生命考驗，出生後，等待她的更是寄人籬下、居無定所的單親生活，她有無數個理由偏離正軌，但她正向的態度和強大的意志力，讓她活出不一樣的人生。

舉重一開始其實並不是她喜歡的事，甚至是她排斥的運動，但在學習體育的過程中，她逐漸領悟到，態度和信念才是影響一個人成就一件事的重要關鍵，於是她改變心態，下定決心，要成為最好的舉重選手。她開始從數不清的槓鈴起落之間，堆積更強大的自己。過程中，她曾跌落谷底，但仍一直舉著手中的槓鈴，追逐著自己的目標，做到自己想成為的人。

在東京奧運完成舉重生涯最後一塊完美拼圖後，她回顧過往，才發現每一個經歷的時刻，無論是成功或失敗，都是她之所以是郭婞淳的累積。把眼前的所有做到最好，接受結果，然後往下一個目標前進，才能成為最好的自己。

「我覺得自己沒有極限！」這不是狂妄話語，而是她之所以成為頂尖運動員的強大信念與堅定態度，讓她願意不斷突破自我，不輕言放棄，不害怕困難，相信自己與眾不同，毫不遲疑地挑戰每一個不可能。

郭婞淳的金牌之路是一條自我挑戰的旅程，我們的人生亦如一場自我挑戰的賽事，正向看待生命中的所有挑戰，才可能跨越荊棘滿布的道路，每一個人的對手都是自己，而盡全力，就可能看到不一樣的結果。

belief

1

盡全力，就可能看到不一樣的結果

「只要盡了全力，就有那麼一點機會。」

生命第一個考驗

二〇二一年，身高一百五十八公分、體重五十九公斤的郭婞淳，在東京奧運會上，締造奧運紀錄抓舉一百零三公斤、挺舉一百三十三公斤、總和兩百三十六公斤的成績，為台灣奪下一面舉重金牌。在全球人都在觀看的國際賽事會場上，響起台灣的國旗歌，許多台灣人在電視機前，與郭婞淳一起紅了眼眶，讚嘆「她是台灣的驕傲」！

這個充滿能量的嬌小女孩，成長自一個單親、隔代教養的家庭，起初沒有任何資源、背景與人脈，接觸舉重後讓她下定決心力爭上游，憑著「拚盡全力」的信念，歷經十多年艱辛的鍛鍊，才舉起了這面金牌，舉起了自己對生命的許諾。郭婞淳的出生充滿了曲折的幸運，但出生後，迎接她的並不是幸福生活。她來自一個台東的阿美族家庭，從小母親就不在身邊。

做為阿美族家庭的長姊，郭婞淳的媽媽郭燕瓏，年紀輕輕就必須到外地工作，扛起家中的經濟重任。阿美族是母系社會，對她來說，掌管家中財務是與生俱來的使命，她看著媽媽撐起家庭重擔，明白這是她無法迴避的責任，也毫不遲疑地放下原本屬於她的年輕歲月、花樣年華，為整個家庭的未來打拚。

即使懷了郭婞淳，郭燕瓏沒有停下腳步，生產前仍在宜蘭工作。車床操作員的她，必須一直坐著，直到生產的前一天，她仍從早一路工作到接近隔天凌晨。郭燕瓏那一晚沒有睡好，夢境與現實交錯，雖然還沒有破水，但肚子實在痛得受不了，隔天早上就到了羅東聖母醫院準備生產。

「醫生跟護理師那時候說『戴項鍊』，我還聽不懂。」經過漫長的生產過程，郭燕瓏才終於生下郭婞淳。這個好不容易才來到世界的女兒生命力強韌，即便經歷「胎位不正、臍帶繞頸、體重過輕」這些幾乎會讓新生兒因此夭折的險境，郭婞淳展現了無比強韌的出生意志。

「她出生以後，我就覺得這個孩子，非常特別。」帶著新生兒回到故鄉台東的郭燕瓏，想著該給這個孩子取什麼名字。與家人琢磨後，她想到這個孩子在生產的過程充滿著幸運，於是就決定取名為「婞淳」！

出生的艱辛，似乎是上天考驗郭婞淳是否有足夠的韌性能承受得住接下來的人生。郭婞淳出生後，媽媽郭燕瓏為了生計必須出外工作，郭婞淳被託給外婆照顧，又因為家中積欠房貸，時常寄人籬下，居無定所。她曾借住親戚家中，甚至住過工寮，童年的流離失所，讓她了解，**所有的獲得都必須付出後才**

能得到，而且要很努力，才可能有一點點的收穫。

辛苦的她說自己「很幸運」

阿美族喜好團體生活，兄弟姊妹或親朋好友常會聚在一起，郭婞淳的小阿姨又與她年紀相仿，小時候郭婞淳話雖不多，但玩伴很多，跟鄰居小孩玩在一起時，不管是跑跳追逐或是玩扮家家酒，她總是領頭的那一個，讓沒有母親陪伴的郭婞淳，童年生活雖然艱辛，卻不致孤單。

然而，儘管郭燕瓏看著女兒有家人朋友陪伴安心不少，但郭婞淳畢竟還是個孩子，少了媽媽的她，不是那麼堅強，總希望能跟媽媽撒撒嬌。小學時，有次媽媽從外地回來，郭婞淳想一直待在媽媽身邊，吵著不去上學，郭燕瓏一路追著她，硬是逼她到學校去。「婞淳知道我很辛苦，她沒有抱怨，總是忍耐著。」郭燕瓏知道郭婞淳有著同齡孩子少見的體貼與懂事。

小時候的居無定所與生活匱乏，讓郭婞淳得一路受人幫忙與照顧，才能安然成長。她記得每次被幫助的感動，成長的路上始終展現著無比的韌性，一如她出生時的堅韌，這些匱乏讓她有了向上的動力，希望自己有朝一日也可以成為給別人力量的人。「有一個屬於自己的家，一個自己認可的人生」，成為她一路奮鬥的目標。

不論面對什麼都拼盡全力

二〇〇四年，台灣的體育發展跨出重要一步，跆拳道好手陳詩欣在雅典奧運，為台灣拿下史上第一面奧運金牌，朱木炎隨後再添一金，一舉進帳兩面奧運金牌，不但引爆全台對體育的熱情，更讓許多剛開始接觸體育的孩子，受到激勵與鼓舞。也許不是立刻下定決心要征戰五環殿堂，卻讓許多體育小將有了前進的動力，而郭婞淳就是其中一位。

「那時候，剛好是陳詩欣學姊在雅典奧運拿到跆拳道金牌，就覺得穿道服好帥啊，又有同學一起。」郭婞淳從小運動細胞就非常發達，進入豐榮國小就讀後，小學四年級那年，因為學校創立柔道校隊，喜歡體育的她，就跟著同學一起加入新創立的柔道校隊。

郭婞淳孩時的記憶幾乎都與體育有關，小時候留下的照片，也都是參加運動會或比賽的紀念照。不斷在體育上獲得好成績的她，小學生活就在各種校隊中度過。加入柔道校隊後不久就被徵招到籃球隊；足球隊成立時，又從籃球隊跑去踢足球，同時也接觸田徑，「我喜歡跟同學一起參加校隊，尤其喜歡競賽。我就是很喜歡超越的感覺！」

她回想起從國小就一路同校的同學、也是現在田徑四百公尺跨欄國手的羅

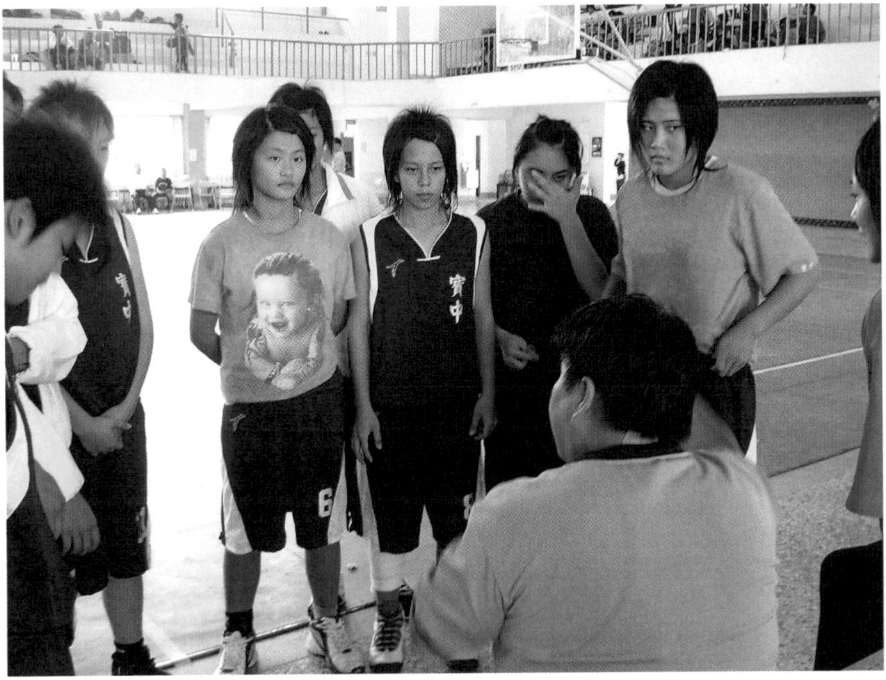

郭婞淳（右三）從小運動細胞發達，又喜歡和同學一起參加校隊，
曾加入柔道隊、籃球隊、足球隊、田徑隊等。

佩琳，雖然她自認跑步速度不慢，但就是比不上羅佩琳。「那時候上了場不知道輸贏，只想著要盡全力，總覺得只要盡了全力，就有那麼一點機會。即使不是我專長的領域，我還是會想證明，我也可以做得到。」打籃球時，郭婞淳不會因為身高矮一截就認輸；在田徑場，她就是想要跑贏對手。即使不是自己最拿手的項目，只要上場，就是盡全力，因為她知道任何獲得都必須費盡努力才能掙來，就像她的人生；**「拚盡全力」才可能「倖存」，不努力就只能等著被命運決定**。這不僅是她在競技場上的態度，也是她對人生的堅持。

在沒有父親、隔代教養的家庭中長大的郭婞淳，雖然對於有些失去仍有遺憾，但她懂得看向手中擁有的，說自己很幸運，很感謝生命中有體育，改變了她的人生，不僅得到了象徵體育最高榮耀的奧運金牌，更重要的是找到一個可以投注心力的領域，肯定自己，也激勵著他人。不論是競技搶勝的興奮感，或是與隊友並肩奮戰的情感，都是她人生不斷前進的動力。

舉重若輕的信念

盡全力是一種負責任的表現，

唯有努力過後才知道自己實力，

不只是為了證明自己，

也是變強的唯一途徑。

belief

2

把不喜歡的事，做成擅長的事

「你必須很努力，才能看起來毫不費力。」

許多人期待一生能投入一件自己熱愛的事，並且從興趣中獲得報償，但人生的路不總是那麼清朗無雲，讓我們可以看清每條路的去向；路上也總會出現那些令我們苦惱的抉擇，有時必須試著放開腳步，走過那個我們以為無路的叢林，才能發現豁然開朗的美麗風景。

郭婞淳的舉重之路亦是如此。即使她有舉重天分，但舉重一開始並非她的興趣，甚至是極度排斥的運動。走過了一段掙扎的歲月，她才逐漸清楚自己的路，下定決心將原本不感興趣的舉重，發展成引以為傲的專長。

協調性很好的女孩

林尚儀是郭婞淳國中時舉重的啟蒙教練，郭婞淳能走上舉重之路和她的堅持有很大的關係，能教出郭婞淳這樣的一個選手，也是她一生的驕傲。

遇到郭婞淳的那年，是林尚儀教練來到台東縣寶桑國中的第二年，合球出身的她，在寶桑國中組起了籃球隊。那時她需才若渴，四處尋覓條件理想的小學生，而基層教練都會互通有無，她聽說豐榮國小田徑隊有兩個運動能力很好的選手，希望能憑藉著自己跟這群教練的交情，讓這兩個孩子畢業後加入寶桑國中的籃球隊，最後也順利如願。這兩名選手如今都在台灣體壇占有一席之地，一個是四百公尺跨欄好手羅佩琳，另一個就是郭婞淳。

「我是專門跑快攻的！」說起過往的籃球經驗，郭婞淳至今還是滿滿熱情。她因為林尚儀教練加入寶桑國中籃球隊，成為第二屆球員，不但有同學羅佩琳作伴，還有早她一年入隊的表姊也在其中，讓她在球隊裡並不孤單。熱愛團體生活的她，很快就喜歡上籃球。如今雖然已是世界級的舉重選手，她還是喜歡投投籃，無論是UBA大專籃球聯賽、SBL超級籃球聯賽，或是現在熱門的P.LEAGUE+聯盟與T1聯盟，都能看到郭婞淳到場觀賽的身影。

因為籃球，郭婞淳就讀了寶桑國中，即使籃球隊後來解散了，郭婞淳依舊走在體育的道路上。在林尚儀教練的帶領下，寶桑國中成立了各種校隊，在多項運動上都有不錯的成績。速度快與爆發力強的郭婞淳不僅籃球打得好，也是短跑好手，國二還接觸過角力，只練了兩個禮拜，雖然最後沒有從資格賽出線，但透過壓制贏下第一場比賽，讓場邊所有教練都在問這女孩是誰，然而讓她最受矚目的，當然還是舉重。

林尚儀教練為了讓孩子的體育路走得長久，總會鼓勵小選手嘗試各種不同的運動，進而找到最適合的項目。當時已經進入國訓中心任教的林敬能教練，為了尋找舉重璞玉而來，他一眼就看到郭婞淳出色的條件。從木棍開始訓練基本動作的郭婞淳，沒讓人失望，很快就抓到訣竅，比一般選手更快碰到槓鈴，國一那年全中運，她只練了一個月，就拿下第六名。

林尚儀與林敬能都知道，郭婞淳有舉重的天分。以初學者來說，她可說是進步神速，郭婞淳的天賦與身材條件，在教練眼中，是極佳的舉重人才。但最大的困難就是要她專注在舉重上，因為郭婞淳最喜歡的還是籃球，林尚儀只好讓她假日練舉重，平日練籃球，不剝奪她打籃球的機會。

「我不喜歡舉重」

看到孩子熱愛運動，母親郭燕瓏一開始也非常鼓勵，她回想自己孩提時也是運動健將，鉛球、足球什麼運動都玩，認為孩子加入運動校隊，下課後就在校隊訓練，不會只想著出去玩，「希望她多接觸不同的運動種類，找到自己喜歡的，然後努力去發展。」但是，要讓孩子走上舉重專業運動員這條路，又是另外一回事。剛開始聽到女兒要練舉重時，郭燕瓏跟大部分的家長一樣，認為「舉那麼重很危險」、「身材會變得很粗獷」，郭婞淳的舅舅甚至還用這些刻板印象「嚇」郭婞淳，因此一開始郭婞淳對舉重很排斥，每到練舉重那天就想躲起來，要家人打電話去學校請假。

由於寶桑國中並沒有專屬的舉重訓練場地，為了讓郭婞淳有更理想的訓練環境，林尚儀教練選擇送她到台東體中接受蒲雅玲教練的訓練，但她一點也不想離開熟悉的隊友，接受新環境的訓練。由於台東體中距離台東市區有一段不小距離，來回都需要教練開車接送，郭婞淳除了請家人請假，有時候甚至直接放教練鴿子。

每次前往台東體中的路上，都會看到一塊招牌，郭婞淳已經忘記上面寫著什麼，只記得每次坐車看到那塊招牌，她的心情就跌到谷底。一開始訓練只有她一個人，後來即便多了學妹，她依舊無法提起興趣。當時的她，還是嚮往有隊友的團體運動，喜歡田徑與籃球充滿競爭的刺激，舉重必須一個人面對枯燥的訓練，加上對舉重有刻板印象，心裡總怪教練為什麼叫她練舉重。

排斥的情緒一直沒有消失。在林尚儀的堅持下，郭婞淳不情願地練著舉重，有時甚至要逼著她練習。林尚儀認為雖然郭婞淳在籃球與田徑的表現也很不錯，但受限於身材，很難有更出色的表現，身為教練，總希望看到選手有長遠的發展，「婞淳要練舉重，才有機會登上全台灣，甚至是世界舞台，我們希望她將重心移往舉重。」林尚儀知道籃球是郭婞淳有熱情的事，但如果往籃球或田徑發展，先天限制會讓她無法成為數一數二的選手，而舉重卻是郭婞淳可以做到出眾，甚至第一的項目。那時郭婞淳無法明白教練的用心，直到一次賽事的挫折，才讓郭婞淳下定決心往舉重發展。

從抗拒到下定決心

對於有心從事體育的小選手來說，國中三年級是生涯重要的抉擇階段，有些孩子選擇停下成為專業運動員的腳步，往升學之路走去；有些孩子則繼續在體育圈發展，但必須選擇適合自己的運動種類，才有機會在競爭激烈的競技舞台上發光發熱。郭婞淳也不例外，籃球、田徑與舉重都是她擅長的，她如果想打籃球，可以去台東高中；如果要練舉重，就繼續在台東體中。郭婞淳有自己的愛好，也有來自教練的建議，在她想著要如何選擇的時候，一個事件讓她下定了決心。

國三那年的寒假，對所有運動員來說，是備戰每年最重要賽事，也就是全國中等學校運動會（簡稱全中運）的關鍵時刻，那年，郭婞淳除了將代表學校參加舉重賽事之外，也是田徑四百公尺接力第一棒的重要人選。但就在寒假這個重要集訓期間，原本應該全力練習，為學校爭光，也為自己未來的發展而努力，她卻要媽媽幫她請四天假，甚至四天過後，整個寒假她都沒有到校練習。林尚儀既傻眼又焦急，舉重需要累積，接力賽需要默契，郭婞淳沒有參與寒假集訓，不只是實力無法提升，也會影響團體成績，更重要的是，紀律是一個運動員必備的重要態度。

「整個寒假沒有參加訓練，開學回來，我就把她退隊。」林尚儀再無奈也只能如此，因為若是郭婞淳回來馬上可以參加比賽，這樣對其他辛苦訓練的孩子很不公平。所幸後來頂替的學妹願意將機會讓給郭婞淳，才讓事情落幕。但林尚儀也告訴郭婞淳，大家都在幫她，她若要回來，就要對自己負責，只要她一次訓練沒到，以後就不用來了，希望郭婞淳明白，機會只給願意努力的人。

郭婞淳重新獲得上場的機會，知道自己必須為爭取團隊佳績而努力。那年，也就是她國中的最後一年，全中運在苗栗縣舉辦，寶桑國中接力隊被評估很有奪牌機會，是參賽大黑馬，因為不只有爆發力強的郭婞淳跑第一棒，還有當年在一百公尺奪銀、兩百公尺拿銅的羅佩琳。然而，寶桑國中卻在預賽止步，因為跑第一棒的郭婞淳，在交接棒時發生掉棒失誤，讓寶桑失去站上頒獎台的機會。

郭婞淳比完賽就直接消失，一個人躲在廁所大哭，「大家練得那麼辛苦，卻因為我的失誤，真的很對不起所有隊友。」但這次的失誤，讓郭婞淳體悟到她平日的練習不足，才會導致這樣的結果。**只有在乎才會全力練習，態度才是能否做好一件事的關鍵**。於是，接力掉棒失敗的隔天，她整理好心情，帶著昨日的自責和不甘，代表寶桑國中出賽國女舉重五十三公斤級賽事，就以總和一百二十公斤，摘下她全中運第一面金牌。

這面金牌像是指南針般地出現在她人生面臨抉擇的十字路口，林尚儀知道她是不可多得的舉重人才，也鼓勵她發揮這個得來不易的天分。郭婞淳心中雖

郭婞淳國三時，在全中運奪下舉重的第一面金牌，
讓她從此走上舉重之路。

然還有籃球夢，但已經悄悄在心中做出決定。

改變態度，開始舉重若輕

在金牌與教練雙重的激勵下，舉重給了她前所未有的自信，於是她下定決心要把舉重練好，拋開原本對舉重的好惡，並且開始把目標訂得更為遠大，不只是全中運，希望自己未來能站上國際舞台，也認真地接受台東體中教練蒲雅玲規劃的訓練課表，希望自己的努力，不僅可以改善家裡環境，也能讓自己的未來有更多選擇。

有了努力的方向，平淡的訓練生活也就不再那麼令人難以忍受，成績自然也就愈來愈好，甚至會希望自己能有更多的突破。郭婞淳後來也常在社群放上自己訓練的影片，與許多世界各地的網友互動和交流，當她看到外國網友留言說她舉重「就像跟槓鈴在跳舞」，她知道舉重不只是舉重，她可以讓舉重展現不同的姿態，而這些自信以及來自外界的讚美，也讓她更熱愛舉重，希望透過自己的表現，讓更多人看到舉重的美，「就是那種槓鈴在手上看起來沒有重量，用身體的協調性與柔軟度去對抗剛硬的槓鈴，以柔克剛的流暢。」

如果沒有當年決心闖一闖那以為無路的荊棘叢林，她就無法創造今日此番的美景。決心是帶著力量的，郭婞淳能夠通過荊棘滿布的舉重之路，不僅僅是她對這件事的喜好或感覺，還有她不斷賦予舉重更大、更遠的意義，因此當她下定了決心，就能心無旁騖地朝舉重國手的目標邁進，**從平凡無奇的事物中，慢慢砥礪自己，直到打磨出亮光，找到專屬自己、獨一無二的鑽石。**

舉重若輕的信念

沒興趣，有可能是因為還沒去做，

當付出努力、做出成績以後，

熱情也會隨之提升。

不妨給自己多一點選擇、多一點勇氣，

去嘗試不同的事物。

belief

3

進步來自長期累積的基本功

「一開始不會很快加重量，而是一直用木棍訓練基本動作。」

二〇一一年四月一日，是郭婞淳正式進入國家隊的日子。林敬能教練清楚記得那天，郭婞淳第一次到舉重室訓練，就在門口被他罵了整整三十分鐘，因為郭婞淳遲到了三十秒。

這是因為林敬能對郭婞淳的期待很深。郭婞淳國中時，林敬能就知道這個小女孩身上蘊藏的潛力，但頂尖選手靠的不只是天分，更重要的是態度與基本功。他深知，一個再好的雕刻師，也無法把朽木雕成好作品，郭婞淳可以發光發熱，但需要時間、許多人的幫助，以及一位好的教練。因此，他決定嚴格地訓練她，在她進入國訓中心的第一天就給她震撼教育。

有潛力，還是要盡全力

在正式進入國訓中心之前，郭婞淳已經有國手資歷，高中一年級她先在亞洲青少年錦標賽拿下銀牌，這是她生涯第一次的國際賽，也是第一面國際賽獎牌。接下來又代表台灣參加第一屆青年奧林匹克運動會（簡稱青奧會），當時曾短暫進入國訓中心集訓一個月，最終以抓舉七十七公斤、挺舉九十七公斤、總和一百七十四公斤，為中華隊拿下一面銀牌。這是那屆青奧會中華隊拿下的三面銀牌之一，也是舉重隊的唯一一面獎牌。

經過兩次國際賽的洗禮，並帶回好成績，讓郭婞淳原本對未來的游移一掃而空，也全心投入舉重訓練。因此，她不但沒有被嚴厲的林敬能罵跑，後來更沒有被辛苦的訓練嚇走，而是扎扎實實累積著舉重實力。

二〇一一年，即將年滿十八歲的郭婞淳，第一次挑戰世界錦標賽（簡稱世錦賽），她在巴黎繳出抓舉九十四公斤、挺舉一百一十八公斤、總和兩百一十二公斤的成績，拿到第十名，名次看似並不理想，但相較於前一年她在青奧會的成績，已有大幅度的提升。

不到十八歲，郭婞淳就站上世錦賽的舞台，隔年成績更上一層樓，以抓舉九十七公斤、挺舉一百二十六公斤、總和兩百二十三公斤，搶下代表台灣參加倫敦奧運的門票。而且她擊敗的對手，是二〇〇八年她剛接觸舉重不久時，在電視上看到的奧運舉重國手陳葦綾，郭婞淳是拚盡全力，才擊敗了當時帶傷上陣的頂尖好手。

「那時看到陳葦綾學姊在奧運比賽，很嚮往，印象很深刻，但不認為自己有機會站上去。」當時的郭婞淳對未來和自己的實力都還不是很有信心，但不過三年的時間，她也成為了奧運國手。

郭婞淳在倫敦奧運雖然有抓舉九十九公斤、挺舉一百二十九公斤、總和兩百二十八公斤的表現，但仍沒能拿下獎牌，最終以第八名的表現結束比賽（後因對手藥檢問題，晉升到第六名），讓當時年僅十八歲的她流下難過的眼淚。那眼淚是因為她覺得自己沒有拿出最好表現，第一次站上奧運殿堂，緊張還是影響了她的表現，沒有完全發揮實力。挑戰成人等級的賽事，郭婞淳雖然沒有帶回獎牌，但成績不斷提升，跟青奧會時的成績相比，已有二十公斤以上的長足進步，讓許多人都嘖嘖稱奇。

然而，這些進步除了來自郭婞淳對身體有非常出色的感知力與控制力，很快就發現哪些動作是身體哪個部位表現不佳，進而在接下來的訓練中不斷改進，另外最大的關鍵在於，她願意在基本功上不斷反覆練習與下功夫精進。

舉重有個動作叫做「一二三」，也就是分段訓練舉起槓鈴的軌跡，將提領槓鈴從地面到發力點，分成退膝、引膝、站直三階段，她花了非常多的時間用木棍來訓練這些基本動作。為她打基礎的蒲雅玲教練與林敬能教練都不要求她一下子就要加重量，而是一直用木棍訓練她的基本動作，這讓郭婞淳在舉重上打下了扎實的基本功。

事實上，國中時期，郭婞淳假日到台東體中接受教練蒲雅玲的指導，就已經知道基本功的重要。當時蒲雅玲除了要求她鍛鍊一貫的「一二三」基本動作以外，還會安排皮拉提斯、核心訓練與跑步等累積體能的運動，不斷堆疊郭婞淳的實力，而不是急著讓她上槓鈴、加重量。「我覺得這是一種身體的記憶，基礎打得好，會記得每個撐住的角度，有點像是機械化，我應該是基礎打得好，後面才能進步得很快。」郭婞淳知道基本功對自己的助益與重要。

林敬能與蒲雅玲都不急著讓郭婞淳很快拿起十五公斤的槓鈴，或是加槓片重量，取而代之的是用心陪伴與指導她每一次練習，主要就是希望透過訓練過

程，掌握郭婞淳每一次的訓練狀況，進而在比賽時開出精準的開把重量，讓她站上比賽場地，能跟隨教練的指令順利舉起重量，贏得比賽。

「身為教練，要細心知道選手的進步在哪裡，才能精準掌握選手每一次比賽的成績。」林敬能了解必須要有這樣的配合，也才能讓選手慢慢喜歡上舉重，有不凡的表現。

二〇一三年橫掃世界舞台

扎實的訓練與成果，讓郭婞淳對自己愈來愈有自信，教練林敬能看著郭婞淳的成長，知道是時候了。二〇一三年，林敬能決定試試郭婞淳的能耐，郭婞淳此時像是準備充足的學生，預備好要在接下來一場場重要考試中大顯身手。

林敬能在這一年為郭婞淳設定連續出賽的目標，亞洲舉重錦標賽（簡稱亞錦賽）與世界大學運動會（簡稱世大運）僅相差一個月，世大運與東亞運動會（簡稱東亞運）相隔三個月，而東亞運與世錦賽甚至相差不到一個月。期間師徒二人的足跡必須從哈薩克、俄羅斯、中國再到波蘭，這對郭婞淳的訓練週期與狀況調整，都是非常大的挑戰，但郭婞淳接到指令沒有遲疑，完全信任教練的安排。

事實上，連續出賽考驗著選手的身心狀況。首先是體重的維持，因為賽事密集，體重若是激烈變化，對選手調整狀況會有嚴重影響。為了要完成連續出賽的目標，郭婞淳必須將體重維持在一定數字，讓她在備戰之餘，無須分心去注意體重，甚至影響心理狀況。

其次是信心的累積。林敬能長期關注郭婞淳的訓練，看到她的進步有如爬樓梯一般不斷往上，不見瓶頸，他希望透過比賽來累積郭婞淳的信心。**尤其是打好基礎後，就能更勇敢在每次訓練不斷堆高重量，進而累積出賽的信心。**

最後，也是最重要的，就是樹立「郭婞淳障礙」！當時的郭婞淳，在舉重界還是一個即將升起的新星，林敬能沒有選擇將她藏起來，而是希望透過每一場比賽，讓全世界看到她的實力。「要告訴所有選手，這個量級有我，你們不要想來挑戰我！」他希望郭婞淳舉起的不只是重量，而是一種氣勢，因為舉重是由客觀數字佐證的運動項目，每次的比賽成績就像是選手的名片，訴說著自己的實力。

後來，師徒兩人這股不畏挑戰，勇往直前的決心，果然締造了成績驚人的二〇一三年。郭婞淳先在六月亞錦賽以抓舉一百零二公斤、挺舉一百三十四公斤、總和兩百三十六公斤摘金；七月世大運再以抓舉一百零四公斤、挺舉一百三十四公斤、總和兩百三十八公斤，三破世大運紀錄奪金；十月東亞運以抓舉一百零二公斤、挺舉一百三十五公斤、總和兩百三十七公斤奪金；該月底再戰世錦賽又以抓舉一百零八公斤、挺舉一百三十三公斤、總和兩百四十一公斤奪

郭婞淳不斷練習「一二三」基本動作，
讓她的實力快速提升，不見瓶頸。

下女子舉重五十八公斤級金牌。

世界舉重錦標賽每年舉辦，每逢奧運年則停辦，郭婞淳在二〇一一年首度挑戰世錦賽，最終只拿下第十名，但不過兩年時間，她已登頂成為世界冠軍，她舉起的成績從總和兩百一十二公斤到兩百四十一公斤，在國際上從一個舉重小將成為女子舉重五十八公斤級的最大亮點。

在外界讚嘆著郭婞淳驚人的成績時，只有郭婞淳和林敬能教練知道，那是用多少努力堆疊出來的成績。所謂的「揮一千劍的人，永遠不知道揮一萬劍的人的體悟」，**那多揮的九千劍，正是超越他人的基本功，也是功力的所在。**

基本功看似簡單，卻也最難做到，非有異於常人的毅力不可，才能挺過枯燥無味的練習。但，基本功最後會像是一種烙印在身體上的記憶，一生都不會忘記和失去，並帶你攀頂登峰。

舉重若輕的信念

看似最簡單的事，往往是最重要的事。

每項技能都有其基本功，挺過枯燥的練習，

基本功就像是烙印在身體上的記憶，

一生都不會忘記和失去。

belief

4

你有多想要，就會有多強大

「只要肯往上走，現在的位置都可以是下個高峰的起點。」

不到二十歲，郭婞淳已經成為世界冠軍，她接下來的目標，就是挑戰亞洲運動會（簡稱亞運）與奧運金牌。由於二〇一三年她已橫掃四大賽金牌，在國際舉重的地位也不可同日而語，面對二〇一四年的仁川亞運，她充滿信心，持續跟著教練的訓練計畫一步一步前進。「因為已經知道對手有誰，誰是抓舉強項，誰是挺舉，可以很篤定知道，這次去仁川，只要穩穩地舉，就是金牌。」賽前她一直帶著這樣的信心，期待著比賽的到來。

然而，如同奔流的河水，若沒有遇到暗礁，就難以激起美麗的浪花。等在她前方的不是金牌，而是一個生命暗礁。

「那天是五月十二日。」郭婞淳永遠記得這一天，那陣子她的訓練狀況極佳，即使有些小低潮，挺舉訓練仍可輕鬆舉起一百三十公斤。但不知為何，那天她的狀況不甚理想，繁瑣的運動科學檢測也影響她的心情，於是帶著情緒，挑戰了超越當時世界紀錄的一百四十一公斤，「當時我如果有些猶豫，就不會再加上去了，但我很逞強，就想著一定要舉上去。」

就在猶豫與情緒中，郭婞淳沒能舉起一百四十一公斤的重量，槓鈴應聲砸下，她潛意識知道要閃開，卻閃不過，於是槓鈴直接砸在郭婞淳的右腿上。事後她一直責怪自己當天沒有專注在訓練中，一方面是想找出問題，一方面是她試圖安慰非常自責的教練林敬能。

接受事實，才能面對遺憾

「第一時間我看婞淳躺在那裡，起初我以為她只是不小心跌倒，但看她沒有站起來，我就知道事情嚴重了。」林敬能看著自己一手栽培的好手，就要登上亞運，甚至是奧運頒獎台，卻因為訓練不慎受傷，導致右大腿股外側肌嚴重撕裂傷。林敬能當下無法相信，焦急又自責，但他告訴自己：「只有接受，才能面對。」也告訴郭婞淳：「如果妳站不起來，我就養妳一輩子。」

這場嚴重傷勢改變了郭婞淳的人生。在等待救護車的過程中，郭婞淳腦中上演各種畫面，包括自己會不會再也不能舉重了。這個傷，的確帶給她始料未及的改變，卻不是再也不能舉重，而是舉得更好。

她因為這個傷而停下腳步，讓自己有了思考的時間，審視那急於攀頂登峰的自己，改變了看待事情的角度與方式，也更認識了自己，變得強韌而成熟。

受傷的當下，郭婞淳只想著：「只剩下四個月，亞運怎麼辦？」就連她的主治醫師、高雄長庚骨科系運動醫學中心主任周文毅，第一時間聽到槓鈴砸到腳，都覺得慘了，腦海很快浮現一些可能的狀況，包括最糟的骨折和肌腱斷裂。「如果要動刀，不要說復健，選手生涯可能都會沒了。」他當時做好萬全準備，只要救護車一將郭婞淳送到，就立刻進行X光與MRI（Magnetic Resonance Imaging，磁振造影）檢查，「還好只是股外側肌與股中間肌的肌肉部分撕裂傷，當下非常腫脹，我們決定透過高壓氧來協助消腫。」

郭婞淳堅韌過人，卻也幸運。長庚醫療體系長期關注運動選手的發展，發現台灣職業選手的運動醫療防護資源不足，於是在二〇一四年啟動「運動醫學照護計畫」，邀集體系內學有專精的醫生加入。這項計畫不僅提供選手平常的照護與隨隊出國的任務，更在選手受傷時，提供最快速與直接的治療。郭婞淳當時是計畫贊助的選手之一，所以受傷當下，便直接送往高雄長庚醫院。

有目標，不怕被挫折打垮

儘管傷勢嚴重，但確認傷勢不是骨折和肌腱斷裂，周文毅醫師知道一切尚在可控的範圍內，於是他很快擬定治療計畫，目標是四個月後讓郭婞淳站上仁川亞運。治療方式雖然重要，但傷患的配合更是關鍵。周文毅醫師第一時間就向郭婞淳說明病況，讓她安心，接下來是展現治療的成果，讓郭婞淳相信治療的方式是對的，才能以正面的態度面對傷勢，一步步復健。

周文毅醫師知道郭婞淳一心想著四個月後的仁川亞運，很快地為她設定了三個階段性目標。首先是排除重要傷害，他透過高壓氧來協助選手消腫，要消腫了才能開始接受訓練，「肌肉受傷的復原只能等，關鍵是如何讓肌肉早日消腫，高壓氧就扮演很重要的角色。」治療大約兩週，傷部的腫脹就消了，恢復速度驚人。

其次是，維持除了右腿以外、兩隻上肢與一隻下肢的腿部肌肉。因為肌肉受傷會萎縮，不練也會萎縮，郭婞淳的訓練量很大，如果停止訓練，對肌肉會有很大的影響。周文毅醫師透過高壓氧與消炎藥，快速縮短受傷的右大腿恢復時間，其他未受傷的手與腳，就透過運動訓練，維持基本功能，絕對不能在等待右大腿傷勢復原的過程中，讓其他肌肉的肌力掉下來。

最後，就是密集觀察。經過兩週的高壓氧治療，受傷的部位雖然明顯消腫，但腳一旦受傷，就會忘記該怎麼使用，因此必須開始喚醒右大腿的肌肉，一方面透過超音波，一方面透過物理治療師的指導，從基本移動開始，例如怎麼下床，「找回功能後，就開始介入一些訓練，包括彈力繩與力量訓練，這個階段要密切追蹤狀況，隨著婞淳復健的成效，來決定運動訓練要多一點，還是少一點，幫助她快速恢復。」當時國訓中心的物理治療師陳思樺也幫助郭婞淳從最基本的復健開始。

強大的信念創造奇蹟

郭婞淳能回到亞運舞台，最後還成功挺舉一百二十四公斤，拿到第四名，真的可說是奇蹟。周文毅醫師表示，這類傷勢，通常需要三個月才能正常走路，而且可能還會有點瘸瘸的，但郭婞淳大概在亞運的兩個月前就開始展開高強度訓練，恢復速度非常快，「原因我想有三個，首先是醫療資源完全投入，其次是選手本身的天賦，最後則是婞淳自己的信念，她很想參加亞運，而且非常想要！」

在第一線為郭婞淳治療的周文毅醫師，深深感受到她那股強大的意志力。周文毅比任何醫師都了解郭婞淳，他剛到國訓中心擔任巡診醫生，一開始接觸的選手就是郭婞淳與洪萬庭，「那時候無論有沒有狀況，她們兩個每個禮拜都會來找我看診，兩人都是很暖心的選手，婞淳出國比賽還會帶紀念品給我。」

正是因為長久以來累積的信任與熟悉，才能讓二〇一四年的受傷意外，以最快速的方式進行處理。

痛苦，使生命蛻變得更美麗

「無論是功成名就，還是人生低潮，婞淳的態度一直沒有改變，一直是一個善良、正面的人。現在唯一不同的，我想大概是，比賽時候展現的信心與霸氣吧！」這是周文毅醫師看著郭婞淳從起步、成長、受傷到成為世界頂尖的運動員，對她始終如一的評價。**她的善良與正向帶領她無論在順境或逆境都能不斷創造奇蹟，這也漸漸成為她的信念，帶給她力量。**

雖然郭婞淳在復健過程中，經歷了許多身體上的苦痛與心理上的煎熬，但一定要重回比賽場上的強大意念，以及她看待挫折的正面態度，驅使著她撐過

郭婞淳一直是善良又正面的人，在傷中站起來的她，
又更堅韌而成熟。

所有傷後復健與訓練的苦。

如同尼采所言：「凡殺不死你的，都將使你更強大。」在傷中站起來的郭婞淳，領悟了「一切都是最好的安排」。暗礁是激起美麗浪花的必要，經過這次的衝擊，她的心智更為堅韌、成熟，也才有二〇二〇東京奧運場上那個閃閃發光的她。

舉重若輕的信念

在挫折中放棄當然簡單，

在泥濘中前行最不容易；

但只要肯往上走，

現在的位置都可以是下個高峰的起點。

belief

5

對手不是別人，是自己

「不要只當看歷史的人，而要當創造歷史的人。」

二〇一九年年底，Covid-19（新型冠狀病毒肺炎）席捲全世界，嚴重的疫情導致許多生命的消逝，更影響國際間的交流，不只是一般民眾的國際旅遊，固定舉辦的國際賽事也受到極大打擊，甚至是直接取消比賽。原定二〇二〇年七月二十四日開幕的東京奧運，由於牽涉全世界所有國家，更有超過一萬名運動員將聚集東京，也被迫延後一年舉辦，成為奧運一八九六年開辦以來，史上第一次延期的奧運會。

對每一個有志於五環殿堂的運動員來說，把握機會爭取每四年舉辦一次的奧運參賽門票，是運動生涯中最重要的大事。無論是積極累積世界排名積分，或是透過世界區與洲際資格賽不斷提升自己的實力，為的就是在奧運上場的那一刻，展現出最好的自己。

但是，二〇二〇年的東京奧運因為疫情延期，打亂了所有運動員征戰奧運的腳步。從爭取資格到訓練計畫，都必須重新規劃，最重要的是，運動員備戰的心理也必須隨之調整，這些過程無一不是折磨與考驗。

面對變局，要把自己變得更強

對已是亞錦賽、世大運、亞運與世錦賽金牌得主的郭婞淳來說，獨缺奧運金牌，這面金牌對她的意義極為重大。因為這是她生涯第三次挑戰奧運，當中她走過了二〇一二的生澀、二〇一六的失手，二〇二〇東京奧運是她歷經各種試煉後一展身手的時刻，因此充滿期待。加上此時的她，已堪稱女子舉重五十九公斤級的第一人，是國際媒體最看好有望奪金的台灣好手，面對生涯最重要的一面獎牌，她已做好萬全準備。然而，卻被疫情打亂了一切。

一開始，聽到奧運延期，她當然也有些焦慮，知道延後一年會打亂所有計畫。不過，經歷大傷的歷練，郭婞淳不僅多了韌性，心智也更為成熟，懂得正面看待突如其來的變局。

「多了一年，我就把自己練得更強。」延後一年雖然需要重新計畫，但好處卻是可以更從容準備重要賽事。雖然不能出國移地訓練，她改為在台灣移地訓練，包括回故鄉台東訓練，轉換心情，期許自己以最佳狀態，面對延後一年的東京奧運。

與自己的對決

二〇二一年七月二十七日，在東京國際論壇這個宏偉的國際會議廳裡，儘管因為疫情少了觀眾，卻是郭婞淳心目中加冕奧運金牌的完美地點。多年來她一直希望透過自己的成績和姿態，讓大家更認識舉重這個運動種類，打破大家對舉重的刻板印象，她知道，這天是她完成夢想的最好舞台。

當天，郭婞淳開出抓舉一百公斤、挺舉一百二十五公斤的開把重量，已經遠遠超越對手，這表示她只要穩穩舉起，就能拿下奧運金牌。她看著其他八名對手都在奮力挑戰自我極限，完全沒有人在第三把碰到她的開把重量，接著，輪到她登上比賽舞台，她明白這是一場跟自己的對決。雖然神情有些僵硬，但沒忘一貫上台前的喊聲，教練林敬能在一旁提點，所有台灣人都隔海屏氣凝神觀看這場賽事。她不負眾望地順利舉起一百公斤，第二把開出一百零三公斤雖然失敗，但第三把再舉起一百零三公斤，她在抓舉已經取得七公斤的領先。

雖然郭婞淳與林敬能教練賽前已有共識，希望能完成自己的目標。也就是不僅要拿下奧運金牌，還要刷新自己保持的世界紀錄，但面對這尚未到手的五環至高榮耀，他們還是決定穩紮穩打。

郭婞淳挺舉輕鬆舉起一百二十五公斤，此時的她，已經確定擊敗所有對手，接下來就是自己的世界紀錄。她第二把順利舉起一百三十三公斤，以每把跳八公斤的節奏，終於到了最後一把挑戰世界紀錄的一百四十一公斤。結果大家都知道了，沒能挑戰成功，但她終於拿到自己夢寐以求的奧運金牌。

頒獎典禮上，郭婞淳站在頒獎台的凸頂，這是她努力了好久才抵達的地方，過程中有高峰、有低谷；有荊棘、有美景；有期待、有遺憾，情感豐富的她，還沒掛上奧運金牌，就已經淚流滿面。她參加過三次奧運，二〇一二年在倫敦拿下第六名，二〇一六年在里約拿下銅牌，她都掉下淚來，但那些是不甘心與遺憾的眼淚，而這次在東京，是喜極而泣的眼淚。

挑戰自己後的笑容

當前女子舉重五十九公斤級的世界紀錄，是由郭婞淳保持，抓舉一百一十公斤與總和兩百四十七公斤，是她在二〇二一年的塔什干亞錦賽締造；挺舉一百四十公斤，則是她在二〇一九年的芭達雅世錦賽寫下。郭婞淳一直希望再現心中那個完美的場景，也就是二〇一七年台北世大運，她在淡江大學紹謨體育館，挺舉舉起世界紀錄的瞬間，奪金加上破世界紀錄那個喜極而泣的畫面。

事實上，郭婞淳二〇二一年的訓練狀況非常理想，她在四月份亞錦賽就接連打破抓舉與總和的世界紀錄，讓她對「奪奧運金牌並打破世界紀錄」這樣的高標夢想充滿信心。只是東京奧運前夕，她再度面臨傷勢考驗，先是鎖骨部位因為挺舉動作不斷擦撞導致出血，再來是左膝傷勢仍有影響，這些都提醒著她，即使對手與她實力有段落差，她仍需要穩紮穩打。

因此，在郭婞淳確定拿到金牌後，試著挑戰打破世界紀錄的一百四十一公斤時，「當下有點手滑，」但郭婞淳很快就想著「跌倒了還是要華麗轉身，」因此才有了那張風靡世界的倒地燦笑照片。這張難得的空拍畫面，除了是郭婞淳避免受傷的即刻反應，臉上開懷的笑容其實是她給自己的讚許。雖然沒能舉起新的世界紀錄，她還是在東京奧運挑戰了自己，那是充滿勇氣與滿足的笑容。

對手是自己

為何已經拿到東京奧運這面金牌，她還要挑戰打破世界紀錄的一百四十一公斤？因為她知道，她的對手不是別人，是自己；**知道不管是運動場上的賽**

事，還是人生，要挑戰的永遠是自己的意志，再高遠的目標都沒有人可以阻擋。這也是為什麼東京奧運結束後，她說：「這次沒有舉起來，大概是要我再拚一屆。」她不假思索地決定要再度挑戰二〇二四年的巴黎奧運。巴黎對她有特殊意義，因為她生涯參加的第一次世界錦標賽，就是在巴黎舉辦，如果生涯最後一次奧運能在巴黎完成自己的目標，也能畫下完美句點。

就是這樣的信念，讓郭婞淳不斷追逐著自己心中的完美目標：奪下奧運金牌，並打破世界紀錄。她在意的不僅是結果，更是破世界紀錄的過程，東京奧運對她仍不完美，因為成績跟她預期的還是有落差，雖然已經完成「金滿貫」，但她對於成績的要求近乎偏執。郭婞淳會看每年成績列表，只要看到哪一年總和穩定保持在兩百三十五公斤以上，就會油然升起一種成就感。「我就是非常在意成績。」

郭婞淳在東京奧運上試圖挑戰打破世界紀錄的一百四十一公斤，
即使跌倒，她還是華麗地轉身倒地，露出充滿勇氣與滿足的燦爛笑容。（李天助提供）

超越自我，沒有不可能

「不要只當看歷史的人，而要當創造歷史的人」是郭婞淳的自我期許，在她第四度拿下運動精英獎最佳女運動員獎之後，創下史無前例的成就。已經手握雅加達亞運與東京奧運金牌的她，接下來將鎖定杭州亞運與巴黎奧運，如果都能帶回金牌，亞運兩金與奧運兩金，也將締造台灣運動員的空前成就。

「接下來的路一定更不容易，會有新的對手，自己身體狀況的維持，也會隨著年紀增長愈來愈難。」郭婞淳當然明白，未來的考驗會更多，維持在理想狀況雖然絕非不可能，只是運動員生涯有太多不確定性，她早已深刻體會，但她仍選擇繼續努力。

「我想證明自己做得到，我就是很喜歡做到別人認為做不到的事。」而這也是郭婞淳之所以是郭婞淳的原因所在。

舉重若輕的信念

不論是運動場上的賽事，還是人生，

要挑戰的永遠是自己的意志；

除了堅定信念，還要拆除極限的框架，

朝著框架外的更前方前進。

Part 2

全方位的自我鍛鍊

成功之前，
要經歷多少磨練？

「成功不是奇蹟，而是累積。」

舉重若輕

舉重運動要追求出色成績，必須透過不斷累積，反覆的訓練代表的是枯燥乏味。郭婞淳從台東縣寶桑國中的簡易地墊與一根木棍開始，從基本動作一步步前進，她在比賽中的每一把成功，都是來自先前無數次的反覆練習。她喜歡看著辛苦練習帶來的成績進步，她喜歡身邊有人一起競爭的感覺，她喜歡經過訓練擊敗強敵的快樂，但這一切都來自於她不怕吃苦的韌性與毅力。

不過，競技運動的殘酷，在於不能有一絲差池。站在奧運比賽場上的每一個選手，誰不是歷經艱苦訓練，才能成為頂尖好手，才能代表國家為國爭光？說點不近人情的，努力訓練只是基本，怎麼在比賽當下拿出最佳狀態，就來自於日常生活的累積。

因為舉重是以體重分量級的運動，必須從每一天的飲食開始控制，才不會到了比賽前，因為要減下太多體重影響表現；必須要在每一天的訓練中累積足夠能量，才能更有信心，站上比賽舞台；必須要在每一天為自己設立目標，才能更專注下一步，不被挫折或低潮打倒；必須在每一天追求進步的同時，不斷提醒自己，不要因為受傷停下訓練的步伐，甚至影響比賽表現。

就連郭婞淳也不是天生如此，她也曾逃避，也曾失落，也曾低潮，但家庭的責任催促著她，教練的期待督促著她，眾人的希望寄託於她。她明白自己肩負重任，於是她願意從每一天開始做好自己，讓勉強變成習慣，並尋求物理治療師與體能訓練師的協助，才有如今成為奧運金牌的她。

也許，郭婞淳是個有天分的舉重選手，但她能有今天的成就，更多是她刻苦的努力。站在這座名為努力的山腳下，郭婞淳跟你我相比，其實並不特別，但她能登上山峰，來自於腳下一步步的累積、不輕言放棄的堅毅，以及對於登頂的渴望。

belief

6

好習慣的力量，從一到無限大

「舉重之於我，已經是一種責任！」

從勉強變成習慣

競技運動的殘忍，就是只有一面金牌，要成為萬人之中的唯一，努力只是其中一個必備條件，當天的生理與心理狀況更是決定比賽結果的關鍵，而如何在比賽當下維持最理想的「奪金狀態」，則必須從平常開始做起。郭婞淳的教練林敬能也強調，**訓練不只是操練每日課表的當下，還包括三餐與睡眠休息，都是訓練的一環，唯有如此，才能讓身心維持最佳狀況。**

要讓身心維持顛峰，甚至成為奧運金牌，就必須讓自己隨時都處在備戰狀況，而習慣就十分重要。習慣，是一種重複的行為，有時候是無意識的出現。習慣既是這樣的定義，對於頂尖運動員而言，不管是對於平日訓練，或是正式比賽，若能養成好習慣，例如賽前的靜心、飲食的控制等，就能更專注在訓練與比賽中，有助於拿下出色成績，進而在國際競賽舞台上發光發熱。

然而，所有的習慣都是需要時間養成，養成習慣之初，伴隨的往往是勉強與不情願。郭婞淳的運動員生涯，也不是一開始就平步青雲，即使她有舉重的潛力和天分，也曾逃避訓練、體重失控，更別說還曾遭遇挫折與嚴重傷勢。她能堅持下去，進而成為奧運金牌，除了她自己追求自我實現的超強決心之外，教練林敬能的堅持與要求，使她養成一流選手必備的好習慣，也是奪得金牌的重要原因。

自覺與自律

郭婞淳自國中開始接觸舉重，國中一年級已經參加比賽。由於舉重是一項以體重區分量級的運動，選手再根據身形選擇有利的量級，控制體重也就成為選手爭取佳績的一大關鍵。

看到現在的郭婞淳，很難想像她曾經備受體重控制所苦，她的自律其實並非渾然天成，是經歷過慘痛經驗與煎熬。為了維持最佳的體重，她經歷過體重控制的三個階段，她坦言：「都知道要控制體重，但第一階段就是無法控制想吃的欲望；第二階段是偶爾還是會超過，但會想辦法把體重壓下來；第三階段就會從平常開始克制，不用在比賽前花心思在減重上。」

她一直都知道選擇舉重，就必須控制體重，但她小時候不懂飲食習慣的重要，愈是禁止的食物她愈是想吃，從珍珠奶茶到炸物，每一樣都誘惑著她。但每每放縱的結果，就是比賽前必須在短時間內降體重，如果超過太多，有時還得不吃不喝，「那時候就會很痛苦，對自己生氣，為什麼不好好控制體重？」

郭婞淳剛開始接觸舉重，由於訓練量很大，胃口也大，以前接觸很多運動，只有舉重需要量體重，因此起初她沒有控制體重的習慣。當時國中教練林尚儀每天都會拿體重計幫她測量，有次比賽過磅前超過八百公克，她就穿著雨衣跑步，並且在大熱天坐在車裡吹暖氣，擦乾汗水後，最後以十公克之差過關，這些印象深刻的驚險時刻，讓她開始對體重控制有了更多想法。

郭婞淳在二〇一〇年青年奧運結束後，因為年齡增長與訓練帶來的肌肉量提升，就確定她的量級在五十八公斤級。教練林敬能也規定她每天都要測量體重，非比賽期間的體重上限就是比賽量級的兩公斤以內，因為這樣到了比賽前，才能順利降到可過關的體重。以郭婞淳來說，就是五十八公斤以下。

林敬能強調，舉重是分量級的比賽，比賽第一關就是過磅量體重，如果第一關就輸人家，那要比什麼？所以他很看重選手日常習慣的養成，堅持自我管理得從平日做起，因為**每一天的自律將決定比賽當天的結果**。

控制體重的慘痛經驗，為郭婞淳的自律打下堅實的基礎。事實上，經歷幾次大賽後，她也開始自覺到自己的身分。二〇一三年，她一口氣參加四個國際大賽，當時林敬能教練期待透過連續比賽來觀察郭婞淳的能耐，更希望她能累積連續出賽的經驗，而她果然在這樣連續出賽的過程中，不但認知到習慣和自律對於比賽的重要性，更透過國際賽場上的好成績，奠定了她的未來目標。

從一個地方或觀念開始改變

在經歷過重要賽事後，郭婞淳不僅更認識自己，也深知每一個生活小習慣對表現的影響。現在她每天早晚各會測量一次體重，早上的體重就會做為每日飲食的基準，晚上的體重數字則是要了解當天飲食是否過量。大部分時間，她不會讓體重超過自己的比賽量級兩公斤，若是體重偏高，她就會減少食量，甚至祭出「不盛飯」、「不喝飲料」的絕招，來降低體重。

然而，就算體重超標，郭婞淳早餐一定會吃飽，水煮蛋、地瓜都是必備菜單，也會吃一些機能食物，例如擁有抗發炎植化素的洋蔥，以及含有多樣優質營養素的堅果。她對於食物的知識，大半來自教練林敬能與高中教練蒲雅玲的指導，對於食量的控制則是依照自己的喜好，並跟著國訓中心的菜單來吃，一定會有蔬菜與肉，不會刻意避開油炸食物，但就是少量。

此外，來自幸福診所林聖章醫師的提醒，也改變郭婞淳對於營養的觀念，進而養成良好的飲食習慣。郭婞淳以前很不喜歡吃營養品，但林醫師認為，運動員大量的訓練與流汗，需要營養品快速修補，進而快速恢復，改變了郭婞淳攝取營養品的觀念。「林醫師很棒的地方是，他會一直去學習，更新相關知識，想要給我們最有效、最好的東西。」

郭婞淳因為有貧血，林聖章醫師會提供協助，準備鐵劑、葉酸與維他命C，並告訴她要怎麼搭配，才能讓營養品正確地被攝取。飲食觀念對舉重選手特別重要，尤其是要如何快速恢復，並持續接受高強度訓練，都是來自林醫師的觀念與指導，「我很喜歡聽林醫師說話，每次都會有很多收穫。」

郭婞淳現在平常體重維持在六十公斤左右，頂多六十一公斤。每天早上起床與晚上睡前都會量體重，不會超過太多，如果過重，隔天就會少吃一點，但早餐一定會吃飽。郭婞淳如今已經進入第三階段的體重控制，不會再輕易放縱自己，不過，有時她會因為訓練量大，食量跟著增加一些，雖然是轉換為肌肉，但這樣也會讓體重增加，這時她立刻知道要控制食量，改以多喝水來滿足想吃的欲望。

改變，從身分認同開始

無數大小比賽的千錘百鍊，也讓郭婞淳開始明白，若是能建立良好習慣，對訓練持續突破有極大幫助，但她之所以願意強迫自己養成習慣，強迫自己克制欲望，最重要的關鍵，是她意識到自己的身分——無論是扛起家計的郭婞淳，還是世界冠軍的郭婞淳，又或者是世界紀錄保持人的郭婞淳，每一個頭銜，都催促著她，必須追逐更好的自己。《原子習慣》（*Atomic Habits*）的作者詹姆斯・克利爾（James Clear）在書中提到，要養成習慣，最核心的關鍵就是改變身分認同。也就是說，**改變的第一步是認清自己想要成為怎樣的人，把自己當作是那樣的人，久而久之，就會有效改變習慣，達到目標。**

「人生就一次，你都進到國家隊了，還不努力！」林敬能也時常提醒郭婞淳，機會只給準備好的人，郭婞淳參加愈多比賽，就愈意識到身分認同的重

郭婞淳體會到好習慣的益處，

從日常就建立良好飲食、訓練體態的習慣。

要，而當她深刻體會自己的目標與未來方向，就會更加自律，在日常生活與訓練中，把任何會影響到比賽的不確定性，降到最低。

郭婞淳知道自己的人生已經與舉重密不可分，她說：「舉重之於我，已經是一種責任！」經過了許多事，她曾經感到疲憊，也曾暗夜落淚，也曾有滿滿的負面情緒，但運動讓她發現，只要持續訓練，身體一定會產生正向的回饋；相同的，**任何事情只要改變心態，建立好習慣，就能逐漸扭轉一切**。

如今，郭婞淳已經走過控制體重帶來的痛苦，能從日常生活調整自己，一開始是為了使備戰狀況更穩定，在正式比賽時發揮出最佳實力，但現在控制體重對她有了更積極的意義。她現在更注重的是體態，追求體態的完美，是她做為公眾人物的自覺。她也不再是當初那個逃避練舉重的女孩，而是願意將訓練融入生活，透過在生活中建立各種習慣，正面迎向挑戰，贏下每一場勝利的頂尖選手。

舉重若輕的自我鍛鍊

建立習慣分為三個階段：

第一階段時常失敗，要很努力自律；

第二階段開始體會到習慣的好處，建立自覺；

第三階段習慣已經成為生活，省下許多心力與時間；

最後你會提升對自己的身分認同，改變自我信念，

成為更好的自己。

belief

7

從最弱的地方鍛鍊，才能成為頂尖

「不放過自己」的堅持

奧林匹克運動會是運動員的最高殿堂，站在頒獎台的凸頂，更是每個運動員的目標與夢想，對郭婞淳來說當然也是。她經歷二〇一二年倫敦奧運的懵懂青澀，再到二〇一六年里約奧運的飲恨敗北，終於在二〇二一年的東京奧運，以明顯高出其他對手的實力，一舉將追逐多年的奧運金牌帶回台灣。

要成為奧運金牌，要成為萬中選一，除了平日的努力，專項的訓練更是致勝關鍵。郭婞淳自小對運動就充滿興趣，接觸過田徑、籃球，甚至是技擊類的柔道與角力，她喜歡與隊友一起奮鬥、團隊合作，但她最終選擇了舉重做為她運動員生涯的唯一。

從國中就開始接觸舉重的她，當然知道舉重訓練的枯燥乏味，但她為了追求更好的比賽成績，透過不斷努力，從訓練成果的持續突破，找到訓練的意義，繼而打破訓練的枯燥，愛上訓練！

郭婞淳對於訓練從不喊苦，但她在訓練上的堅持與努力，她身旁的人看得最清楚。郭婞淳的團隊包括教練林敬能、體能訓練師鄭玉兒與物理治療師周詣倫，看到她對訓練的堅持以及比賽時的無畏，都幫她取了一個綽號「蕭查某」（台語瘋女人之意）。

跟在郭婞淳身邊多年的體能訓練師鄭玉兒，將郭婞淳的努力都看在眼裡，認為她能成為金牌選手的原因之一，「應該是她在訓練上不放過自己吧。」鄭玉兒強調，運動員面對訓練，難免會有倦怠感，郭婞淳當然也不例外，雖然會聽到她說：「今天好累喔，可以不要做嗎？」但常是上一分鐘聽她這樣說，下一分鐘又聽到她說：「好！我做！」她就是不會放過自己。

鄭玉兒也表示，郭婞淳是一名身體感知非常出色的選手，知道做哪個動作時，身體的哪個部位沒有發力，就會提出問題，兩人透過溝通，開出訓練課表，經過訓練確認是否改善，再決定修改或加強。鄭玉兒對郭婞淳印象深刻的是，即使她的身體狀況不是最好，也堅持要完成每日的課表，「婞淳知道這樣對她好的、有幫助的，她就一定會去做。」

攤開郭婞淳備賽期間每週的日程表，會發現驚人的規律性。她每週訓練六天，星期一、三、五會晨操，並以抓挺舉訓練為主，星期二、四的早上會進重量訓練室，完成體能訓練師的課表，下午則以教練的課表為主。禮拜天是每週訓練的休息日，但她有時心血來潮還是會拉著學弟妹做晨操。

每天訓練前堅持熱身，大概半小時左右一定要完成，從一開始的跑步機暖身，到體能訓練師帶領做操，包括協調運動與動態操，做操完畢開始跑步，先漸速跑三趟，再做衝刺，有時會加進反應衝刺。

正視自己的弱點

郭婞淳平常在高雄的國家運動訓練中心有許多陪練小選手，她是學弟妹的奮鬥目標，但她近乎偏執地追求訓練成果，並不是為了成為學弟妹的典範而做，而是她的自我要求。

郭婞淳對自我要求極高，每天都會見面的物理治療師周詣倫也有深刻印象。每個選手每天的訓練狀況一定都有起伏，郭婞淳如果練不好，她會生氣，會很懊惱，即使教練沒有逼她，她還是會拆掉槓鈴重量，從比較輕的重量重新再來一次，針對先前訓練比較不順的地方加強練習，再慢慢將重量加上去。郭婞淳對訓練有想法、有堅持，只要不好，「她就是重來。」

周詣倫認為郭婞淳的好學和努力，不只在訓練上，而是願意像海綿一樣多方面地吸收。周詣倫曾和郭婞淳一起閱讀《一流的人如何保持顛峰》（*Peak Performance*），書中提到「一流的小提琴家在一起訓練，如何還能分辨出誰更為出色？」最頂尖的小提琴家就是會將練習時候發現的問題，再花時間加強練習；一般的小提琴家也許就是完成每日的練習而已。**成為頂尖的關鍵是，願不願意利用更多時間，將不夠理想的地方做得更好**。周詣倫認為「婞淳就是這樣，難怪她會成為頂尖選手。」

除了基本訓練，要在舉重拿下佳績，針對特定肌群進行重複且高強度的鍛鍊，也是必要條件。

舉重講求連貫動作，非常重視肌肉的協調性，但郭婞淳的慣用邊與另一邊的肌力還是會有落差，例如左腿跟右腿相比，較弱一點，就要靠重量訓練去加強單邊肌力。郭婞淳經過多年訓練，除了有出色的基本動作，她也明白要精益求精，就要透過不同方式，精進自己較弱的地方，進而提升比賽表現。

加強較弱的環節

相較於慣用的右腿，左腿比較沒那麼強壯，加上郭婞淳在二〇一七年前往美國參加世錦賽時，累積的運動傷害在左膝發生，她回想左膝的傷勢很有可能是因為二〇一四年右大腿的嚴重傷勢，讓她不自覺施加更多壓力在左腿上的代償結果，她如果要追求顛峰，承擔更大的重量，就必須更積極地提升左腿的肌力，讓左腿強壯起來。

不是慣用腳，又有長期累積的運動傷害，郭婞淳要提升左腿肌力並非簡單任務，她必須先從強化膝蓋周邊的肌群開始，包括利用彈力帶拉住左腳增加抗力踢腿，或者直接用機器輔助左腳踢腿，又或者透過左腿單腳的蹬腿，強化左腳膝蓋的穩定度。

「一開始，當然沒辦法跳起來，就是先坐著再單腳站立起來，或是先站著再單腳坐下，過程中去感受左膝的狀況。」郭婞淳強調，一開始一定會非常不舒服，就會從最基本的開始，例如靠牆靜蹲計時三組、側躺進行雙腳蚌式開合，以及平躺左腳加沙袋進行各角度的舉高，再進階到單腳蹬腿等輔助動作。

為了變強，再痛也不迴避

除了輔助訓練，郭婞淳的左膝還會進行「ＰＲＰ（Platelet-rich plasma）增生療法」，去修復磨損組織，但不舒服的感覺仍會持續存在，每當訓練時候，首先就要克服不適感，「不怕會受傷，但真的很不舒服。」郭婞淳舉例，她每次進行左腳踢腿的一開始，都會感受到不適，就不自覺迴避不舒服的角度，但這樣的輔助訓練是沒有效果的，甚至還會導致其他部位的代償，進而造成其他部位受傷，她就會強迫自己，一定要以正確的姿勢完成訓練。

左膝長期累積的磨損，對郭婞淳的日常生活其實沒有造成太大影響，但她身為不斷追求卓越的頂尖運動員，儘管不適，仍必須勇敢面對，積極解決任何在打破世界紀錄旅程中可能的問題，更重要的是，她深知身體各部位本來就環環相扣，若是放任左腿不去強化，當她挑戰更大的重量時，就有可能導致其他部位的傷害，只會造成惡性循環。

世界舉重錦標賽每年舉辦，遇奧運則停辦一次，賽事獎牌計算與奧運只計算總和成績不同，共有抓舉、挺舉與總和三面獎牌。郭婞淳生涯八度參加世錦賽，表現傑出，共拿下十金、五銀、二銅，其中五屆在總和奪金，當中又有四屆都是在抓舉只拿銀牌，讓她迄今未能在世錦賽風光完成三金目標，最好表現就是二金一銀，連她自己都認為這是世錦賽的「魔咒」。

突破以往的抓舉成績

郭婞淳的抓舉表現已非常出色，但總沒有她在挺舉般宰制賽場，儘管她經常在比賽中利用挺舉成績演出「逆轉勝」，在總和成績擊敗其他強敵，但她挑戰自我的決心沒有極限，「抓舉沒辦法突破，比賽就需要穩紮穩打，世錦賽兩金一銀的『魔咒』，讓我很希望抓舉表現能再提升，我一直有一個目標，抓舉在比賽的開把能是一百零五公斤。」

除了郭婞淳堅持突破，教練林敬能的執教觀念也對她造成很大影響。林敬能強調，頂尖好手一定要兼顧平均，不能有哪一環節特別薄弱，面對高手過招，較弱的環節就會成為問題，**如果有弱項，就必須從最弱的地方開始訓練**，這就是訓練方向。再加上師徒二人開始在國際舞台嶄露頭角以後，都希望以壓倒性的成績去造成對手壓力，因此郭婞淳堅持一定要提升自己抓舉的表現。

郭婞淳的堅持，加上體能訓練師鄭玉兒針對特定肌群的強化，讓她的抓舉成績有了提升。二〇二一年的亞洲舉重錦標賽，她終於完成以一百零五公斤開把，最終以一百一十公斤締造世界紀錄的目標。

舉重若輕的自我鍛鍊

正視會阻礙自己前進的弱點，

並不代表你是弱者；

相反的，弱點補強後，

會提高你的自信，提升整體表現。

belief

8

看重細節，在日常中訓練自己

「從平常生活就要注意，例如走路的時候。」

自信來自平日的累積

除了特別鍛鍊自己不足之處，郭婞淳還會透過扎實的訓練來累積實力，累積自信。若是她平日的訓練狀況非常理想，當她到比賽現場，就不會心慌意亂，而能專心面對當下的狀況，不受到其他因素影響表現，因為她已經做好萬全的準備。

東京奧運前的備賽期間，郭婞淳因為繁重的訓練導致左鎖骨破皮出血，而挺舉的其中一個步驟，就是要將槓鈴翻領壓在鎖骨上，也直接狠狠地壓在郭婞淳的傷口上。體能訓練師鄭玉兒看著郭婞淳每舉完一次，就回頭表情猙獰地喊著「很痛」，但卻毫不遲疑地，繼續完成每日高強度的訓練課表，「只要她可以忍下來，就不會不做，而是與傷共存，完成每個訓練，」鄭玉兒說。

郭婞淳追求訓練的厚度，會自己將重量一直一直推高，如同盛白飯一般，每一匙不斷壓實，整碗飯就非常扎實飽滿，而這是她面對備賽壓力的不二法門：透過扎實訓練來提升自信。

「看到訓練的好表現，再去參加比賽，我會有信心、會很篤定；若是沒有做好準備，我真的會有點心虛。」郭婞淳希望透過訓練累積能量，進一步帶著自信走上比賽場地。姑且不論訓練強度，每天重複的訓練，加上反覆舉起沉重槓鈴的專項訓練，考驗著運動員的意志力，更考驗運動員的身體狀況。因此，日常的鍛鍊，也是邁向卓越過程中，不可或缺的一環。

細微差異，決定勝負關鍵

位於高雄左營的國家運動訓練中心，不只有國手進駐，也有各單項運動的陪練員。陪練員存在的目的，是希望透過最好的訓練環境與教練團，培植更多精英運動員，更希望年輕選手見賢思齊，往頂尖選手目標邁進；此外，也成為頂尖選手訓練時候的陪伴，帶動訓練氣氛。

舉重為台灣在奧運奪得最多金牌的運動種類，政府對於栽培選手不遺餘力，也有許多陪練選手進入國訓中心。對他們來說，看著世界級選手鍛鍊自我，就有了激勵自己進步的動力，郭婞淳無疑是他們最好的榜樣。郭婞淳也很樂意分享比賽與訓練的經驗，甚至擔任客座教練，提供後進選手更多進步的方法。有時在分享的過程中，也會促使她思考每個環節對表現帶來的影響，讓自己更能掌握細微的進步關鍵。

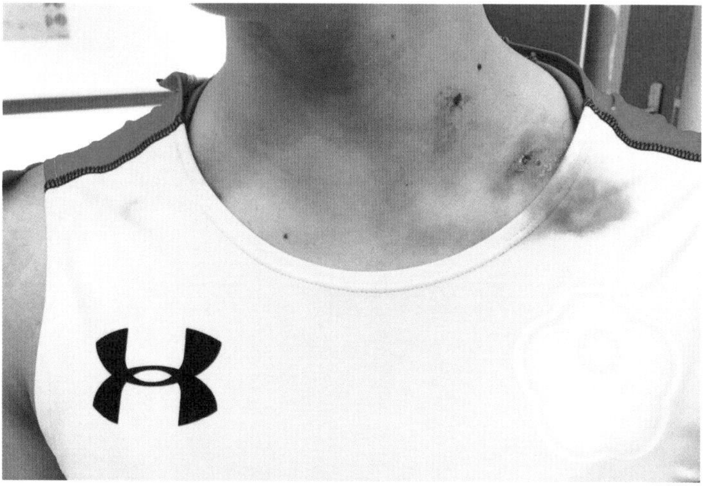

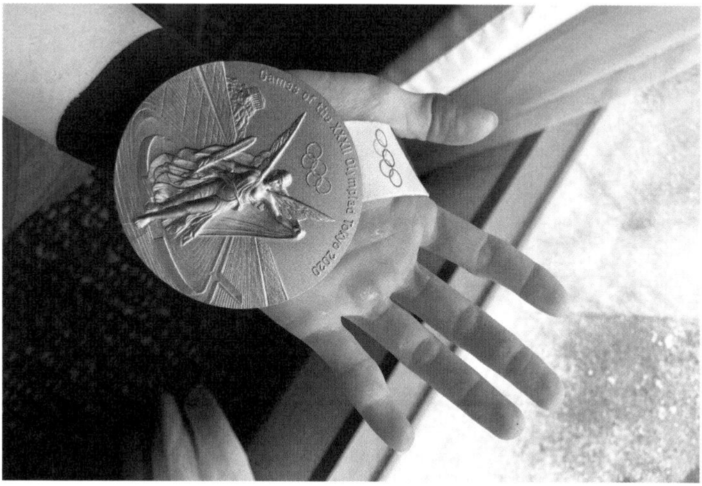

即使訓練到鎖骨破皮出血（上圖）、雙手長滿了繭（下圖），
郭婞淳也毫不遲疑地繼續練習，這就是她奪金的決心和毅力。

郭婞淳沒有因為自己的天分或成績，影響她對年輕選手的指導方式，期待每個人都照著她的方式訓練。她往往會觀察年輕選手的訓練狀況，進一步思考有助於他們進步的方法，但有時來自年輕選手的反饋，不免讓她感受到當時的自己與現在的選手，有著態度和想法上的落差。她明白不可能每個選手都適用「郭婞淳模式」，但她期待年輕選手也能盡所能地在每個細節上努力提升自己，因此有時難免有些情緒。

最基本、但卻最常被年輕選手忽略的要求，就是建立良好的體態。郭婞淳強調，舉重需要舉起極大重量，重量多半會集中在身體前端，肌肉型態就會影響表現，進而幫助選手在訓練上更有成效。

然而，郭婞淳看到有些學弟走路，都會習慣駝背，郭婞淳經常提醒他們走路挺胸，就是希望從生活中訓練及矯正他們的肌肉型態。這不僅僅是對於訓練的要求，更是展現重視細節的態度，因為如果肌肉型態不理想，在舉重的當下，有可能舉起了重量，卻是其他部位肌肉代償的結果，而不是正確的舉重動作與生理力學機制，自然就會影響訓練，甚至是比賽成果。

訓練從生活做起

在建立良好的體態上，郭婞淳一直是從三方面著手。首先是控制飲食，不能吃得太多；再來是認真訓練，包括專項舉重訓練與核心訓練。對郭婞淳來說，控制飲食與認真訓練，早就是日常的習慣，至於第三個關鍵，則展現出郭婞淳之所以為頂尖運動員的原因。

「其實從平常生活就要注意，例如走路的時候，我就會注意自己是不是縮小腹、挺胸與夾臀，」即使走路時不會注意到這些地方的肌肉，郭婞淳為了建立體態，仍會刻意要求自己從走路、坐下到每個動作都隨時注意。她認為，飲食控制與維持訓練之外，**在日常生活中訓練自己，有時候更為重要。**

例如，現在她會接受許多媒體雜誌的拍攝邀約或節目錄影，在接受專業人士的妝髮打扮時，她一定是挺胸坐好，除了有助於建立良好的肌肉型態，也方便對方工作；另一方面也是基於她對自己身分的認知，做為公眾人物必須更重視在外的表現。

另外就是揹背包，郭婞淳的背包總會準備飲水，所以重量都不輕，一般人揹很重的背包，多半都是駝背用肩膀去承受重量，但她要求自己一定要挺胸，就是用核心肌群的力量去支撐重量，她不會因為背包重量影響到行走時也要挺胸、縮小腹的好習慣。她還透露，平常逛街如果看到玻璃櫥窗，她會在窗前駐足，看一下自己的姿勢有沒有跑掉，如果姿勢不對一定馬上調整。雖然只是一個眾所皆知的走路姿勢，但從郭婞淳時刻要求自己的態度，就可以看出她對細節的嚴謹，不論任何時刻都不馬虎。

態度決定高度

另一個郭婞淳建立好體態的理由，來自她對自己的期許。郭婞淳希望打破大家對運動員和舉重選手的既定印象，看到在女性運動員身上，可以展露出不同於男性運動員的美感。

郭婞淳認為，她不只是代表自己，還代表著舉重選手、代表著運動員，因為她的好表現，讓更多人認識舉重，對運動愈來愈重視，讓整個運動領域受到更大的關注，這是運動員的責任，她也樂在其中。

「現在愈來愈多人對舉重感興趣，因為他們知道，練舉重不會變得很壯，而是有線條的美。」郭婞淳以自己做為最好的活廣告，鼓勵大家投入運動，一起變得更健康。

舉重若輕的自我鍛鍊

一般人在固定時間訓練自己，

一流人是無時無刻不在訓練自己，

差別在於對這件事的心態與態度。

belief

9

自我對話，壓力轉換成動力

「我相信，那個一百四十二公斤，是全台灣人民一起幫我舉起來的。」

超乎常人的抗壓性

競技運動是非常殘酷的舞台，輸贏一翻兩瞪眼，即使運動員備戰狀況極佳，但到了比賽現場若是被壓力擊垮，依舊與佳績無緣，特別是有數字佐證的客觀運動種類，例如田徑、游泳，或是舉重，不是訓練時候能達成目標的秒數或重量，就一定能在比賽時完成，可能會因為緊張、壓力影響當下的表現，抗壓性也因此成為決勝的重要因素。

身為頂尖運動員，競技帶來的壓力，是郭婞淳無法迴避的荊棘之路，她披荊斬棘的過程中，不總是順利前進，她嘗過失敗的苦楚，咬牙努力再站起來，勇往前行。如何讓自己不被壓力擊垮？郭婞淳會利用自我對話轉變想法，把壓力轉換成動力。但說來容易，做來可一點都不簡單。

二〇一七年八月二十一日，在淡江大學紹謨紀念體育館，是台北世界大學運動會女子舉重五十八公斤級賽事舉行的日子，郭婞淳帶著里約奧運拿下銅牌的遺憾，「回家比賽」。

舉重是世大運的選辦項目，當時雖有里約奧運金牌、泰國好手蘇甘雅（Sukanya Srisurat）參賽，但從開把重量看來，與其他選手已有明顯落差，幾乎可說是沒有對手的郭婞淳，就是與自己意志力的對抗。

她抓舉三把全部成功，成績是一百零七公斤，挺舉則是以一百三十三公斤開出，順利舉起第二把一百三十六公斤後，她與教練林敬能決定挑戰世界紀

與自己對話能幫助郭婞淳舒緩緊張情緒，讓自己靜下來。
東京奧運上場前，郭婞淳同樣對自己大聲加油喊話。（李天助提供）

錄，當開出重量一百四十二公斤時，紹謨紀念體育館全場沸騰。郭婞淳沒有遲疑，走上舉重台，雙手舉起一百四十二公斤的槓鈴、翻領到胸上、雙腳交叉、雙手用力舉起過頭，「雖然那時候我的腳還是前後箭步，但我很確定，我舉起一百四十二公斤了，當下腦子裡想著，終於、終於，我舉起一百四十二公斤了！我還有記得收腳的印象，但接下來腦海一片空白，我知道我笑了，也哭了，又哭又笑。」她憶起那天，依舊清晰，那是她打破世界紀錄的日子。

隔天，郭婞淳以破世界紀錄選手的身分，應邀到新聞中心參加官方記者會，回想破世界紀錄的那一刻，她情緒激動。她想起那天其實忘了帶常用的毛毯，心裡有些犯嘀咕，但聽到觀眾熱情的歡呼聲，幾乎掀翻紹謨紀念體育館的屋頂，想到電視機前面觀看比賽的民眾，一定也在用力加油，她哽咽說出這句經典的話：「我相信，那個一百四十二公斤是，我相信是全台灣人民一起幫我舉起來的。」

自我對話轉變思考角度

「將壓力轉換成動力」是運動員都知道的事，但要能實際做到並不容易。「很多人會給我讚美，認為我總是能克服壓力，總是能面對挫折，因為大家看我總是比較正面，但其實我也是會有負面情緒。」面對大賽，尤其是特別在乎的亞運與奧運，因為當時尚未拿到金牌，郭婞淳倍感壓力，也相當緊張。每當這種時刻，她會對自己喊話，為自己打氣，「妳準備了那麼久，一定可以做得到」、「要相信自己，一定可以做到」，而且會不斷重複地說，甚至到有點嘮叨的地步。

郭婞淳會為自己打氣，是因為她知道跟自己對話，可以舒緩緊張的情緒，讓自己靜下來，不要慌了手腳，更不要讓負面情緒，影響到正式比賽的表現。尤其在挑戰自我時，很容易直接想到自己的極限，但透過不斷告訴自己「你可以做到」，來否定心中預設的想法，排除心理障礙，幫助郭婞淳發揮潛能，進而提升表現。

在腦中模擬成功情境

優秀的運動員在比賽前，除了例行性的熱身，總會透過「意象訓練」來模擬接下來的比賽實況，以求在比賽時正常發揮，甚至先排除任何可能的狀況與問題。郭婞淳也會透過意象訓練來模擬比賽狀況，但她有時面對壓力與緊張，在腦海模擬的比賽狀況，竟然會想到自己掉槓的失敗情境。

「不行！不行！怎麼會想到自己掉槓！」郭婞淳這時候會強迫自己抹去掉槓的畫面，去回憶過去某一場比賽或訓練成功舉起漂亮的那一把，「現在一定會讓自己回想二〇一七年世大運破世界紀錄的那一把，而且是挺舉，因為挺舉

郭婞淳會回想在二〇一七年台北世大運打破世界紀錄，
成功舉起一百四十二公斤的畫面來激勵自己。

是決定比賽勝負的關鍵。」

想起最滿意的那次成功，而且不只是在腦海裡走過一遍比賽情境，甚至連當下的心情都會再度被憶起，「想著自己舉起那一把，聽到場邊播報，『破世界紀錄！』」至今郭婞淳想到還是會全身發抖，睜開眼睛才發現自己早已熱淚盈眶，彷彿又再度經歷那個感動的瞬間，而就是這種滿溢的正向情緒，幫助她克服壓力與緊張，挑戰更多精采表現。

世大運結束後遊行，郭婞淳與學姊洪萬庭站在一起，她們一走出去，看到那麼多人，郭婞淳哭了；東京奧運結束後，在國慶日當天的「台灣英雄大遊行」，郭婞淳看到這麼多人又哭了。「那是一種被支持的力量，讓我很感動，我很容易因為大家的期待，就覺得自己要拚、要加油，」郭婞淳說。

舉重若輕的自我鍛鍊

專注在目標上，告訴自己「你可以做到」，

相信自己，你就可以突破極限、超越自我。

也可以使用「意象訓練」，想像自己成功的畫面，

能有效克服緊張的情緒，帶給你奮力一搏的勇氣。

belief

10

設階段目標，就有前進的軌道

「清楚目標在哪裡，就算受傷或撞牆期，也容易走回自己的軌道。」

「想贏」是郭婞淳追求卓越的起心動念，但要如何累積她持續前進的能量，來自教練林敬能的鍛鍊法，就是「設立目標」。不斷重複高強度訓練，是突破自我的不二法門，但重複代表的就是枯燥乏味，**要讓訓練有更多樂趣與熱情，就必須設立目標**。

從每天的目標，到每年的目標，再到終極目標，林敬能會與郭婞淳討論，不斷不斷設定目標，達成了就再做更改，活在目標裡，生活不會無聊，更是將郭婞淳的熱情轉換成能量，推動她超越自己的方法。

看見目標與目前的距離

對於世界級的舉重選手來說，奧運、亞運與世錦賽是重中之重的國際大賽，奧運與亞運每四年舉辦一次，但各相差兩年，世錦賽則是每年舉辦，但跳過舉辦奧運那年。郭婞淳的行事曆就是跟著每個重要賽事前進，就以亞運與奧運來說，中間相隔兩年，看似有段時間可以準備，但寫下完整的訓練計畫之後，才知道其實每個大賽常常就在眼前，沒有一絲鬆懈的餘地。

郭婞淳經歷二〇一四年的嚴重傷勢，雖然同年她奇蹟似地站上仁川亞運的舞台，但由於幾乎是從零開始的訓練與累積，她沒能在短短四個月的時間重返顛峰，最終沒有帶回獎牌。對好勝心極強的她來說，只要沒有贏，就是一件難過的事，但她事後回想，明白自己要在短時間內回到世界冠軍等級的實力，根本是不可能的任務。

郭婞淳自律甚嚴，不只對生活，還有對專業的鍛鍊，她會為自己立下一個比目前狀況更高的目標，「我覺得我能抓得更重，無論是比賽或是訓練，如果沒辦法完成，我就會難過。」她透過實際與目標之間的落差來激勵自己，但是，才剛傷癒復出的她，無法完成她給自己的目標，不只兵敗仁川亞運，當年度在哈薩克、隔年在美國的世界錦標賽，都未能找回世界冠軍的身手。

激勵自己達成目標的方法

追求更好的自己，有時需要比自己更強勁的對手。

二〇一六年，郭婞淳挑戰里約奧運，這是她第二次參加奧運會，歷經二〇一四年的傷勢，她靠著意志力與訓練，緩步走回頂峰。她在二〇一五年美國世錦賽，遇上代表亞塞拜然參賽的柯斯托娃（Boyanka Kostova），她們是老對手了，兩人曾在二〇一〇年的首屆青奧會碰頭，當時代表保加利亞的柯斯托娃擊敗郭婞淳拿下金牌，兩人又在二〇一二年的倫敦奧運相遇，但都未能拿下獎牌。柯斯托娃之後轉籍到亞塞拜然，兩人在二〇一五年世錦賽再度交手。

「一出來就破世界紀錄，我就想，這樣怎麼可以！」郭婞淳看到柯斯托娃在二〇一五年世錦賽連破女子舉重五十八公斤級抓舉與總和的世界紀錄，儘管當時的她還沒回到最佳狀態，但看到長年的對手有了驚人的進步，驚訝之餘，更揚起了鬥志，「我就是一個不能被激的人，我很容易被激怒。」

有了對手，郭婞淳有更大的動力，不只是想擊敗柯斯托娃，更重要的是，看到老對手的名字掛上世界紀錄的欄位，讓她原本就有的世界紀錄目標更加明確。她努力訓練，加上學姊洪萬庭在訓練上相互較勁，讓她逐漸恢復應有的實力，準備二〇一六年的里約奧運。

只是，柯斯托娃的驚人成就，在二〇一六年被調查出是來自禁藥的輔助，同時失去參加里約奧運的資格。後來，柯斯托娃在二〇二一年歐洲錦標賽，又再度被發現使用禁藥，這是她第二次使用禁藥被抓，也讓她面臨幾乎等於是終結運動生涯的八年禁賽。

原本以為是最大對手的柯斯托娃因為禁藥無法參加里約奧運，郭婞淳與教練林敬能知道，要在里約拿下勝利，對手就是兩名泰國選手蘇甘雅與平絲莉（Pimsiri Sirikaew）。她們兩人各擅勝場，蘇甘雅的強項是抓舉，而平絲莉則是挺舉。賽前評估，郭婞淳的挺舉有世界紀錄的水準，抓舉也不致有太大落差，只要正常發揮，就有望帶回金牌。

專注過程比結果更重要

既然清楚對手的實力，郭婞淳明白，只要穩穩地做好自己，就有機會一圓奧運奪金夢，只是那時她太過在意金牌的結果，忘了過程的重要。

里約奧運比賽當天，郭婞淳抓舉順利舉起開把一百零二公斤，但接下來挑戰一百零五公斤兩次都失敗，此時，她已經落後擅長抓舉的蘇甘雅達八公斤，必須要在拿手的挺舉繳出更好表現，但落後的壓力對她造成影響，挺舉開把一百二十九公斤就失敗，儘管第二把成功舉起，但她已經落後了九公斤，最後一把要舉起一百三十九公斤才能逆轉。

結局大家都知道了，郭婞淳沒有在比賽中發揮最好的實力，甚至因為壓力導致緊張，讓她有些抽筋的現象，抓舉與挺舉各只成功一次，也讓戰術應用上少了空間，最終帶回銅牌。

「我太想要了，忘記當下要做到的事，就是要舉起來！」郭婞淳坦言，賽前有些緊繃，加上心理狀況不夠好，太在意結果卻忽略了過程，都是最終沒能拿下金牌的原因。

奧運是頂尖運動員的競技場，任何一點閃失都可能造成四年的準備和努力化為泡影，不能只憑藉選手自身的努力與天分，也因此各國除了非常重視選手的訓練以外，更提供各方面的協助。

教育部體育署在二〇一九年啟動「黃金計畫」，正是希望提供有望在奧運奪牌的選手最完整的協助團隊，降低在賽前可能發生的不穩定因素。若是以郭婞淳里約奧運來看，包括賽前心理狀況的調適等，只要有常駐的專業團隊協助，就可能有不一樣的結局，這個計畫後來在東京奧運看到了成效。

永遠有下一個目標

無緣在里約奧運拿下夢寐以求的奧運金牌，郭婞淳賽後眼淚潰堤，為自己的表現不理想而落淚，也為自己沒有整理好心情而哭泣，但木已成舟，賽前再怎麼對自己充滿期許，只要一個差池，最終結果已無法改變，一般人可能會沉浸在遺憾與難過的心情中，甚至不甘心自己四年的努力一夕成流水，但郭婞淳的眼淚收得很快，因為她知道，還有接下來的目標。

舉重選手的國際大賽很少，目標就非常明確。教練林敬能認為，舉重成果來自不斷地累積，一直進行重複的訓練，加上生活習慣的控制，選手難免會感到枯燥乏味。他會透過設定目標，讓選手經由完成一個又一個的目標，維持對訓練的熱情，以及對比賽的期待，這樣的觀念也徹底影響郭婞淳。

「每屆亞運跟奧運就差兩年，其實很快就到，每個階段都有目標，我又很好強，很想要完成自己設定的目標。」**郭婞淳總會為自己立下更高一點的目標，無論是訓練的重量，或是比賽的表現，催促自己去追逐更高的目標，進而不斷突破自我。**

里約奧運鎩羽，郭婞淳馬上要面對的就是二〇一七年台北世大運，又是在

不論比賽成果如何，郭婞淳總會為自己立下更高的目標，
經由完成一個又一個的目標，維持熱情、提升實力。

自己的國家舉辦，既然是「回家比賽」，不用外界期待，她早已為自己立下爭取最好成績的目標。里約奧運後，郭婞淳與學姊洪萬庭在訓練時互相陪伴，在訓練的重量上互別苗頭，也幫助她甩開陰霾，專注下一個更大的目標。

「其實，錯過里約奧運金牌，我真的是有被激到！」郭婞淳談起二〇一六年的遺憾，仍是不斷檢討自己：「那時候的訓練狀況真的非常好，挺舉一百三十五公斤到一百四十公斤的重量都舉得起來，甚至一百四十二公斤都曾翻上去，只是沒有完全舉起來。明明自己的實力沒有那麼差，但為什麼沒辦法在場上展現出來？」

看見進步的軌跡

里約奧運結束後，郭婞淳沒讓自己沉浸在沮喪的情緒太久，她一直試圖理解自己訓練表現與比賽成績落差的原因，她深刻明白自己對於打破世界紀錄的執著，也在訓練中不斷挑戰自我極限。她曾在二〇一四年的訓練時因為挑戰大重量導致嚴重受傷，但她透過扎實的訓練，找回了挑戰大重量的決心與力氣；然而歷經里約奧運，她知道接下來要挑戰的，是如何在比賽中表現出真正的自我和實力。

於是，郭婞淳選擇透過更厚實的訓練，來堆積自己站上賽場的自信。她利用每天的訓練，不斷追逐近在眼前的世界紀錄，一百三十五公斤只是開始，一百三十八公斤、一百三十九公斤、一百四十公斤，甚至箱上（將槓鈴置於箱上，從較高的地方進行挺舉，縮短槓鈴軌跡，藉以訓練第二動作的速度與反應）一百四十二公斤也有挺起來。她認為，在訓練時候能夠輕鬆舉起這些重量，那麼面對比賽，一定可以更有信心。

帶著這樣的信心，郭婞淳對台北世大運的企圖心與準備，教練林敬能都看

在眼裡，從挺舉的開把重量一百三十三公斤就看得出來，師徒二人就是為了挑戰世界紀錄而來，儘管當下對手幾乎難以匹敵，但郭婞淳眼裡只有一百四十二公斤的自我極限，接連舉起一百三十三公斤與一百三十六公斤，當第三把直跳一百四十二公斤，她也沒有遲疑，含著眼淚高舉這個夢寐以求的重量，臉上盡是突破自我的感動。

「我一直很清楚自己的目標在哪裡，就算遭遇受傷或訓練撞牆期，很容易走回自己的軌道。」郭婞淳說的「目標」是多元的，有她對家庭的責任，有她對教練的回應，也有她對台灣的熱情，當然，最重要的是她對自己的期許，相信自己與眾不同的「婞念」，讓她即使遭遇挫折，也能很快重振精神，因為她還有一個個目標等待完成。

舉重若輕的自我鍛鍊

設定太高的目標，容易陷入挫敗的情緒；

在終極目標之前，設立階段性目標，

當達成一個又一個的目標時，

不僅能維持熱情，還能增加期待感，

看見一步步前進的軌跡。

Part 3

強韌心理素質

自我與外在之間，
怎麼達成平衡？

「每一個階段都是不一樣的自己，沒有人可以永遠高峰。」

是舉重，也是人生修練

日復一日的艱苦訓練，為的是含淚收穫的瞬間，但適度的轉換節奏，是運動員邁向頂尖的一大關鍵。郭婞淳如今是奧運金牌選手，實力已無庸置疑，她當然明白偶爾停下腳步的重要性，除了身體的休息，心靈的放鬆同樣至關重要，在收放之間拿捏得宜，才能讓自己的身心更強韌，不斷挑戰最好的自己。

郭婞淳喜歡嘗試不同的事物，最常陪伴她的是閱讀與彈琴，但從開始接觸到現在，這兩件事對她已有全然不同的意義。閱讀，其實是來自於教練林敬能的堅持，認為閱讀對運動員有多重幫助，靜心以外，還能啟發思考、言之有物，這也是林敬能在訓練以外，影響郭婞淳至深的一塊。

郭婞淳一開始哪能知道閱讀的好處，但教練的強勢要求，她只能照單全收，從名人傳記到勵志書籍，她逐漸感受到閱讀的樂趣。如今，閱讀已成為她生活中重要的習慣，也了解教練的用心，更重要的是，閱讀讓她學會思索事物的內在意義，甚至幫助她在訓練時，更能領悟教練的指導與要求。

彈鋼琴則是郭婞淳自小就希望接觸的才藝，儘管因為孩時家貧，無法實現心願，但當她有能力時，便向教練林敬能大膽提出要求，也獲得教練同意。短短四個月的學琴時間，她感受到音樂帶來的快樂，就算不懂五線譜，透過強記音律，她仍可讓音符在指尖流動，彈出首首動人旋律。

郭婞淳喜歡在社群放上自己彈琴的影片，學會彈奏一首曲子所帶來的成就感，不輸給她在舉重場上突破自我的喜悅。她喜歡音樂，喜歡學習新曲的成就感，這也成為她平日生活的一種調劑與靜心自處的時光。

無論是閱讀或是彈琴，每當郭婞淳沉浸在書或音樂的世界裡，總能讓她忘記訓練的辛苦、挫折或失望，轉化為下次練習的動力。看似與舉重毫無關聯的閱讀與彈琴，融會貫通後，她發現當中有許多共通點，包括靜心、節奏感與剛柔並濟，她才知道，原來自己已賦予這一切新的意義。

郭婞淳也試圖在其他領域展現不同的可能，願意接受挑戰。她現在可以是從容的演講者、主持人，甚至是大膽秀出自我的模特兒，她的生活不只有舉重，卻因為舉重更加精采，在有形無形間，改變了許多人對舉重，甚至生命的看法，令她無比欣喜。

做為舉重選手，郭婞淳早已習慣高強度的競爭態勢，但日常生活的調劑，能幫助她持續挑戰「更快、更高、更強」的自己，就如同透過彈鋼琴獲得的成就感，讓她明白，只要有心想做，一定做得到，這些生活中的點滴，時刻幫助著她，勇敢向前。

belief

11

放慢內心的節奏，讓身體收放自如

「彈琴帶來的成就感，給我自信與力量。」

一間音樂教室，大片的落地窗旁，有孩子正學習著鋼琴，悠揚的樂聲，伴隨著老師的指導言語，這個畫面讓另一個女孩在落地窗外，駐足許久。她看著教室裡和她年紀相仿的小朋友，彈著她喜歡的鋼琴清脆動人樂音，希望自己的雙手也能創造出這樣的音調，她回去跟媽媽說想要學琴，但家裡沒有多餘的錢供她上課，懂事的她，只好放下學琴的渴望，但她始終沒有忘記音樂帶給她的悸動。

郭婞淳就是這位想要學琴的女孩。她喜歡想像自己彈著鋼琴的模樣，即使因為家庭經濟因素，無法在當時如願，即使因為投入體育，生活是訓練與比賽的不斷重複，但她始終沒有忘懷自己對鋼琴的喜好，還有能透過自己雙手彈出一首曲子的心願。當她努力站穩競技舞台後，便決定實現自己的夢想，向教練林敬能提出一個任性的願望：「我可不可以學鋼琴？」沒想到，這正好符合教練的理念，毫不猶豫地鼓勵她學琴。

於是，也許晚了十餘年，郭婞淳終於圓了學鋼琴的夢想。

偶爾轉移注意力

之後每週六，林敬能便開車載郭婞淳到音樂教室上課，一開始只有她一位學生，後來陪練的學弟妹也一起坐上教練的七人座廂型車，有的學吉他，有的學打鼓。郭婞淳心想應該是教練怕她一個人上課無聊，才逼著學弟妹結伴一起上課，各自選自己有興趣的樂器來學，沒想到大家也愈學愈開心。

事實上，林敬能聽到郭婞淳想學鋼琴，不僅支持，而且非常高興，因為他認為運動員不能只會一種運動，也不能只會運動，美的欣賞對運動員也很重要，不一定要學音樂，畫畫也很好，都能在無形中幫助選手穩定內在。林敬能細數著學習音樂的好處，「可以放鬆心情，可以沉澱情緒，可以把多餘的時間寄託在音樂上，無論是彈一首曲子，甚至學習一首新的曲子，都可以轉移注意力，排解比賽、訓練帶來的緊張感。」

林敬能深知，如果平常沒做，需要的時候就做不到，所以他鼓勵選手學習音樂，一如他鼓勵選手閱讀，「可以陶冶心性、培養氣質！」

重新調整心情

身為一名職業的舉重選手，郭婞淳的生活自然被訓練與比賽圍繞，雖然主動提出想要學鋼琴，也獲得教練認同，但她畢竟沒有太多時間，正規的鋼琴課她大概只上了四個月左右的時間，就因為二〇一四年的嚴重傷勢而停下。但她將彈鋼琴當成一件認真想要做好的事，所以，一開始她先買了電子琴，後來甚至買了一台鋼琴放在國訓中心，之後又將鋼琴運回台東的家，在國訓中心就以電子琴做為訓練生活的陪伴與調劑。

由於只有四個月學琴的基礎，郭婞淳看不懂五線譜，想學新曲子都得靠強記指法，但她展現運動員精神，透過 YouTube 自學，從簡單曲調到流行歌曲，喜歡音樂的她，只要聽到想要學習的歌曲，就開始練習，就算只是學會一首簡單的歌，對只上過四個月鋼琴課的她來說，就有說不出的滿足感與成就感。

有時心血來潮想學新歌，她甚至可以把自己關在房間裡一整天，就為了學會一首新歌。完成一首曲子不僅能讓她心情愉快，也讓她對自己更有自信，如果練一天就練好一首新歌，她會在心裡肯定自己：「哇！很厲害耶！」

有次心情不好，她跑去國訓中心改建前的KTV彈鋼琴，刻意找了一首新歌來挑戰，「我記得是〈卡農〉（*Canon in D*）」，彈著彈著，也就忘記自己為什麼心情不好。因為「完成了一件事，很有成就感，」心情也跟著海闊天空。

剛中帶柔，柔中帶剛

對於郭婞淳來說，彈鋼琴有多重意義，**彈鋼琴是生活的調劑，是安頓內在的靜心方式，也是啟發她感知身體施力的方式。**

「我常錄下自己彈琴的影片上傳社群，會放上去的一定都是我彈得比較順的曲子，如果一直彈不好我還會跟自己生氣。」就如同舉重訓練狀況不理想，也會有情緒，但郭婞淳逐漸感受到彈琴帶給她的改變。有次她錄影片，但是頻頻彈錯，她就生氣不錄了，不過郭婞淳學會用深呼吸和緩內心的焦躁，繼續彈。「我覺得這也算是一種進步，當下情緒來，沒有選擇放棄，而是告訴自己，『慢慢來，繼續彈』，我知道這和舉重比賽或訓練是一樣的，如果有情緒，當下我就是先靜下來，然後再繼續。」

悠揚的樂聲不僅能讓郭婞淳放下情緒，放鬆心情，每當學會一首新曲，也能讓她對自己更有信心，因為她知道「能力來自意志」。「還沒學鋼琴之前，聽到大家說，鋼琴很難，因為左右手要協調，腳還要踩踏板，但漸漸把鋼琴練起來後，就覺得我真的做得到。」

不過，郭婞淳一開始想學鋼琴的原因跟許多人一樣，因為覺得彈鋼琴很有氣質。當郭婞淳成為一位舉重選手，甚至是世界冠軍時，她想得更多了，「我希望大家能跳脫舉重選手的刻板印象，不是比賽時總是齜牙咧嘴，或是很僵硬的模樣，而是可以看到我柔軟地彈著鋼琴。」

由於彈琴時的柔軟和氣質，與舉重陽剛又表情猙獰的形象，有著強烈的對比，她希望透過彈鋼琴，改變一般人對舉重選手的刻板印象，殊不知學了之後，才發現鋼琴與舉重竟有異曲同工之妙。

舉重運動看似全身發力，但該放鬆就要放鬆，就如同挺舉提鈴至胸的短暫停歇，才能在後續舉起偌大的重量；彈鋼琴也是，手指立在琴鍵上時要放鬆，但一彈下琴鍵，就要發出鏗鏘有力的樂音。舉重和彈琴其實都是「剛中帶柔，柔中帶剛」，無論是面對舉重或彈琴的態度，都隨著她一路成長而有所改變，發現萬事萬物相通的道理。

在喜歡的事上感受力量

現在，郭婷淳不僅樂於分享自己彈鋼琴的影片，接受電視台專訪更是大方在節目中一展琴技，甚至受邀演講還會被學生起鬨彈一首曲子。她還記得第一次在眾人面前表演，真的非常緊張，但隨著表演的機會多了，加上她平日練習的成果，就算是突襲式的要求演出，她只要祭出招牌曲〈夢中的婚禮〉（*Mariage D'amour*），總能獲得滿堂彩。

雖然都是站上台展現自己，舉重與彈琴對她來說，緊張感還是有很大的不同，「舉重是我拿手的運動，彈鋼琴則是我的興趣，那種緊張感還是有差。」舉重是專項，郭婞淳花了很多年時間去累積實力，但她只花了四個月時間學習鋼琴，之後都是靠著自己摸索，找譜強記弦律、指法，並自主練習，同樣都是突破，但對郭婞淳而言，**彈琴讓她更了解沒有做不到的事，也找到安頓身心的方式**。

舉重和彈琴都是「剛中帶柔，柔中帶剛」。
彈琴不僅幫助郭婞淳安頓內在，也啟發她感知身體施力的方式。

舉重與彈琴這兩種看似衝突的技能，同時在郭婞淳身上展現，讓大家不僅對郭婞淳開始有不同的想像，也對舉重開始有了新的認識。除了兒時對音樂的嚮往，她更希望透過彈鋼琴，讓更多人看到不同面貌的她。她當然明白，自己不是要成為鋼琴大師，但她樂於展現自己的練習成果，也許過程中會有點小失誤，但順利完成一首曲子，並得到許多人的肯定與讚賞，也為自己不斷累積自信，而這樣的自信，為她的生命帶來正向的力量，讓她更勇敢挑戰未知。

舉重若輕的心理素質

就像樂章有急促短拍，也有休息的長拍，

在輕與重、用力與放鬆之間找到平衡，

能夠讓生命這首曲子更加優美動聽。

belief

12

書是陪伴，是能量來源

「書能幫助我靜心，找到激勵我的力量，還能刺激我思考。」

二〇二一年的東京奧運，郭婞淳如願拿下夢寐以求的奧運金牌，她透過臉書粉絲頁分享奪牌的喜悅，約莫是在奪下金牌的三天後，她在臉書上放上一張鈴木一朗書籍的照片，寫著：「因為是日本，就決定帶鈴木一朗一起奮戰了！」不難發現，即使在高壓的氛圍中，她會用書激勵自己，轉換心情。事實上閱讀是她面對各種情境時，無法放手的重要習慣與樂趣。

現在的郭婞淳愛看書，但一開始，其實是來自教練林敬能的「逼迫」，而且是「最兇的那種」。

從逼迫到喜愛

郭婞淳高中進到國家訓練中心之後，教練林敬能就不斷耳提面命，「三日不讀書，便覺面目可憎」、「志向愈遠大的人就愈要看書」，不但「命令」她讀書，也特別準備各種書籍給她，多半以勵志類為主。林敬能回憶自己小時候，家裡環境不理想，因老師推動閱讀，他讀到「亞洲鐵人」楊傳廣的傳記，深深被這位傳奇運動員的故事打動，讓他的視野從此不同，因此買了很多自傳類的書給郭婞淳，並告訴她：「書裡有主角的成長過程，還有他們如何排除困難，書本不只是增加知識，更是人生最好的朋友。」

二〇一四年郭婞淳受傷後，林敬能教練為了鼓勵她，送她一本書，書名是《放聲笑吧，就像從未受過傷一樣》，看完後她對這突如其來的打擊有了不同的解讀與領悟。「這本書真的影響我很多，過了一段時間後，再重看一次，我真的覺得有不一樣的感覺，才開始有更深的感受，感受到書的力量，尤其在低潮和遭遇挫折的時候。」郭婞淳從一開始的被迫看書，到後來自己從閱讀中得到樂趣與啟發。

思考，進而突破

第一次體會到閱讀的力量，是二〇一三年郭婞淳第一次拿到世界冠軍。那年因為世錦賽時間與全國運動會衝突，只有她一個人隻身前往波蘭參賽，儘管她不是第一次參加世錦賽，但她當時畢竟還未滿二十歲，又是一個人面對挑戰，心情起伏在所難免。當時她除了透過呼吸來安定思緒，排除緊張與外在干擾，專注在比賽中，另外一個幫助她靜心的，就是閱讀。

閱讀除了讓郭婞淳靜下心之外，還刺激她動腦與思考，後來甚至對訓練成效也起了關鍵性的幫助。

二〇二一年亞錦賽結束後，團隊一行人住在防疫旅館中，各自都訂了書來看，物理治療師周詣倫當時訂了一本《一流的人如何保持顛峰》，由於訂的書全部都會送到郭婞淳的房間，這本書就成為郭婞淳的首選讀物，因為那時的她充滿鬥志，非常渴望突破自己。

「看到如何保持顛峰，非常呼應我那時的心情，一定會想看的啊！」其實郭婞淳平常看的書與物理治療師周詣倫不太一樣，但那時一看到《一流的人如何保持顛峰》，就覺得是她需要的，「因為當下目標都達成了，有點迷惘，就希望透過閱讀能有所啟發。」

《一流的人如何保持顛峰》當中提出許多突破自我的概念和方法，而讓郭婞淳受用最多的，就是適當休息的觀念，「我原本很怕休息，看了這本書之後，我就會逼自己要安排休息時間。」

書中提到一個保持顛峰能力的公式：壓力＋休息＝成長。作者認為在現在的忙碌生活型態之下，多數人只努力做到了前面「壓力」的部分，汲汲營營卻沒有認真去「休息」，於是長期下來容易陷入疲乏無力的倦怠感。而人腦的運作方式又跟一般運動肌肉類似，重訓要長肌肉，就得先用重量壓力破壞，透過休息後再成長。這讓她想到，她在備戰東京奧運的過程，也是短暫不碰自己專項的訓練，透過其他運動來分心休息，再重返專項訓練，這樣反而能突破自己，這正是她平常轉換心情的方式，「我覺得這本書講得很棒，說到我的心情，也讓我確定自己的做法沒錯。」

有時候教練的要求，並不是一下子就能做到，郭婞淳也會思考要怎麼做，才能達到教練的期待，而閱讀往往幫助她更容易理解教練的說法和想法，知道教練在講什麼，就像打通任督二脈一樣，動作也變得更俐落。許多人以為運動只有身體在動，郭婞淳卻強調，**「有思考，腦筋在動，對訓練其實很有幫助。」**

力量來源的小本本

喜歡上閱讀後，她看的書包羅萬象，最常看的是名人傳記或是心理勵志類的書籍，而且不只看而已，還會在她暱稱的「小本本」上做筆記、抄金句。她已經忘了什麼時候開始養成寫「小本本」的習慣，她喜歡在讀書時候做筆記，在抄寫每一句話時，把這句話的前後文再讀一次，並且寫上書名。因為同一本書也許不會再看第二次，但只要翻「小本本」，就能找回當初書寫時候的心情，像是偶然從收音機傳出一首歌曲，會帶人進入時光隧道，想起當時的自己、當時的情境，甚至想起某一個人，既是一種回顧，也是記錄。

「不同心境翻書的時候，會注意到的點不太一樣，小本本就可以用在這個時候，找啊找啊，就突然看到某一句話，打動自己。」即使沒有翻開書，看到小本本上的句子，也能幫助她思考，對比目前遭遇的狀況，再去想該怎麼處

原本害怕休息的郭婞淳，在書中學到適當休息有助成長，
現在更會安排自己的休息時間。

理。有時甚至會找到嶄新的解讀方式，得到更深層的收穫。

小本本像是她生活中的錦囊妙藥，有時當中的一句話也能將她從情緒低迷的谷底拉起。其中她最愛的金句是「相信所有的挫折，一切都是最好的安排」，這是她準備前往里約奧運時，楊定一博士送她的一句話，好似道盡了她生命中的高低起伏，「一路走來再往回看，真的，一切都好像是安排好的事情。」即使面對受傷的打擊，她也不覺得那段要加倍努力才能再站上顛峰的時間是浪費。她**從書中的一句話、一個觀念，得到寧靜，得到力量，**親身經歷閱讀帶來的幫助。

用閱讀看見更多領域

一開始的確是林敬能逼著郭婞淳讀書，但慢慢地，當郭婞淳對書裡的內容與文字產生共鳴，知道了看書的好處，才真的發現閱讀可以幫助自己，就自發性地繼續讀下去，與書成為朋友。郭婞淳已經將閱讀變成生活中的習慣，她常會收到教練與師母送來的書，身邊的朋友知道她喜歡讀書，也會送書，但她其實更愛自己逛書店，有時候一口氣買很多書，分門別類，依心境選擇閱讀的內容。比如在身體疲累或心情煩悶的時候，就不會挑選知識類的書來閱讀，而是選擇勵志類或心靈類的書籍，讓心情可以好好沉澱。

而且，有了更多經歷以後，她看待閱讀也有更多體悟，「每段經歷，都會讓我更認真去思考，書裡的某一句話到底在講什麼。」

現在她除了是舉重國手以外，還當選中華奧林匹克委員會（簡稱中華奧會）運動員委員，同時也是輔仁大學體育系的副教授，面對多重身分，她明白自己相關經驗的不足，因為她自小運動員出身，一路為了奧運金牌努力與奮鬥，身處環境相對單純。閱讀，成為她進入不同領域的敲門磚。擔任運動員委員後，她也開始看更多體育史的書籍。

郭婞淳期許自己能透過閱讀帶來的經驗與改變，成為更有影響力的人，雖然有些害怕，但她沒有遲疑。「即使很累、很煩的時候，還是要看書，就是要督促自己，好像很久沒看書了喔！」郭婞淳偶爾還是會因為忙碌，少碰書本，但她會提醒自己，還是要記得讀書。

如今，隨著她的角色更加多元，她又能藉著閱讀，累積知識與人生經驗，了解不同領域的發展，進而融入不同的環境和角色，讓自己「做什麼，像什麼」。甚至不時買書給周圍的朋友，鼓勵身邊的人閱讀，從台東的家人，到國訓中心陪練的學弟妹，都是送書的對象，她樂於當個「閱讀推廣大使」。

舉重若輕的心理素質

當你的才能撐不起你的野心時，

所需要的是靜下來學習。

學習最好的途徑就是閱讀，

只要獲得書中一句話或一個觀念，

就足以帶來突破的力量。

belief

13

分心，是為了醞釀更強大的力量

「分心一下，就不會一直沉浸在負面情緒裡。」

自小就接觸體育的郭婞淳，很早就明白競爭與輸贏的意義，她的運動細胞發達，接觸過多種運動，無論是柔道、角力、田徑、籃球，到如今的舉重，她都有不錯的表現，除了蘊含在身體的運動天賦以外，更重要的是她面對競爭展現的求勝決心，以及對於贏的渴望。

國中時，她第一次參加全中運舉重，只利用假日練了一個月時間，就拿下第六名，已經是一個好的起步，她卻因為沒有第一名哭泣。二〇一二年倫敦奧運，還不滿十九歲的她首度參賽，最終在女子舉重五十八公斤級拿下第八名

（其後因前面名次選手遭查出使用禁藥，郭婞淳改獲第六名），第一次的五環殿堂沒被壓力擊垮已經很了不起，但她還是哭。

哭泣，是不甘心和發洩情緒的直接表現，當郭婞淳表現不夠理想，常能看到她哭成淚人兒，也由此看出郭婞淳的情緒，特別容易受勝負的影響。然而，比賽總是有輸有贏，隨著年齡增長，郭婞淳了解到轉換心情的重要，在追逐勝利的同時，偶爾也該停下腳步，才能醞釀出更強大的力量。

專業之外，還要有興趣

「達到一個目標後，會有點倦怠，加上身體難免受傷，心情真的會比較不好，訓練練不上去，更感到厭倦，但是因為接觸不一樣領域，可以讓我稍微分心一下，找回更多正面的能量。」郭婞淳當然還是熱愛訓練，但多年經驗讓她

郭婞淳常與物理治療師周詣倫（左二）和林聖章醫師（右一）一起打羽毛球，
讓她的身體變得敏捷，也幫助她轉換心情。

明白，**「改變心態」才是走得更長遠的關鍵**。

舉重是枯燥乏味的運動項目，再怎麼喜歡訓練，還是必須透過不斷重複的累積，才能提升實力，即使已經是破世界紀錄的郭婞淳，還是需要轉換心情，而運動是她轉換心情的方式之一，不是備戰期時，她一定會適度地放下槓鈴，抽出空檔接觸其他運動。

例如籃球，雖然教練不允許選手有太激烈的碰撞，但一直喜歡籃球的郭婞淳，還是會跟學弟妹投投籃，在籃球場上傳球、上籃。郭婞淳國小也曾踢過足球，她甚至代表過台灣科技大學參加五人制的足球比賽，每當中華隊到高雄國家體育場參賽，她會盡可能抽空到場為「國腳」加油，就如同她也很常出現在籃球場邊觀賽一樣。

郭婞淳平常還喜歡打羽球，物理治療師周詣倫以及林聖章醫師所開設幸福診所的工作人員，都會約她一同打羽球。「周哥很強，他平常會看羽球比賽，學習好手的技巧，我也會在與他對打的過程中，看他的步伐與手法。」此外，郭婞淳也曾經跟「世界球后」戴資穎對打過一次，起初有些害怕，打開了之後，在球后面前，郭婞淳也不怕小秀一下球技。她承認小戴真的很強，但還是希望她漏接一球。

無論是打羽球，或是踢足球、打籃球，郭婞淳認為，對自己的舉重專項一定會有幫助。因為柔軟度、協調性、爆發力等，是每個運動員都需要的特質，郭婞淳做為一名舉重選手，去參與其他運動，如羽球或足球時，一定會用到舉重訓練時較少用到的肌群，回過頭對專項也會有幫助。

「我有陣子很常打羽球，羽球需要跑來跑去，要跑米字步，或者需要快速地應對來球，那陣子我感覺自己的身體比較俐落，不會那麼笨重。」當下她不會多想做這些運動對自己的幫助，但回頭想就會發現，其實每個運動都有相通的道理，她還以自己成長經驗來佐證，「我小時候也是什麼運動都玩，最後選擇舉重，都知道一定會有幫助。」

「現在從事其他運動，只是興趣，心情當然跟小時候不一樣，但還是想贏。」郭婞淳將好勝的情緒昇華，不是每項都要求自己一定要表現得很好，也不是要靠這項運動去比賽，但至少有個樣子，也可以在興趣中獲得成就感。

她還會特地購買專業裝備，包括球拍、羽球鞋，就連購物行程，也能讓她心情放鬆，「要去參加不同運動的時候，真的會非常開心，會很期待。而且一定要買自己喜歡的裝備，球技輸，裝備不能輸，就是做什麼像什麼的概念。」

有用的分心

運動之外，郭婞淳從二〇一五年開始接受邀請，擔任各種分享會的主講者，分享自己運動生涯的心路歷程，從一開始有主持人，到獨當一面的講者，

郭婞淳不忘對籃球的熱情，仍時常到現場觀看職籃比賽，
或與學弟妹練投籃。

她透過分享檢視自己的人生歷程，更重要的是，她也同時利用分享會，練習不同的專業技能，例如表情控制、肢體語言與演講技巧等。**她認為人生，不只在舉重場上。**

東京奧運結束後，郭婞淳終於拿到夢寐以求的奧運金牌，更完成國際舉重界「金滿貫」的偉大成就，她接受許多邀約，包括電視節目專訪、雜誌封面拍攝，甚至是台北時裝週走秀。郭婞淳也常在社群媒體分享自己不同的樣貌：主播、主持人、演講者、封面人物、模特兒，每一個都是她，她都樂在其中，不只是希望讓更多人看到舉重選手的不同可能，對她自己而言，更是一個跳脫日常環境的機會，轉換一下心情。

隨著郭婞淳接觸更多元的領域，也累積了許多經驗，這些經驗幫助她在相同類型的活動中，能更順利地完成工作，「例如拍攝，經驗多了，就會知道如何讓自己一秒進入狀況，更快達到攝影師想要的模樣。又例如，拍攝比賽上場前雙手抹上防滑石灰粉的畫面，我還會教學妹可以怎麼樣呈現。」

多方面接觸不同領域的活動，對郭婞淳來說，不但可以轉換心情，也能讓自己更有自信，當她完成每個不同領域的任務，來自各方的稱讚與肯定，總能讓她累積更多自信，而這樣的自信幫助她更加認識自己：「我的自信不只是來自於舉重，所有我曾參與的種種活動，得到各方的回饋，這一切會讓我感到自己很不一樣。」這樣的獨特感，都化為她的自信來源。

一開始接到不同邀約時，郭婞淳會直覺反應「幹麼要接！」她會在心裡糾結，又是緊張，又是擔心，後來她知道這些都是「有用的分心」，依舊會用心準備，並努力完成任務。當她再回頭看自己準備的過程與成果，就會察覺自己又不一樣了，讓她在面對各種挑戰時，也有更好的心理素質。

郭婞淳還偷偷透露一個小祕訣，有次她在書店看到一本書《姿勢決定你是誰》（*Presence*），封面文案寫著「假裝你很會，你就真的會」，她說：「這句話直接打動我，每次接活動以後覺得糾結，我就想到這句話。假裝自己是這個專業，就先假裝啊。」

這些舞台經驗帶來的自信，當然幫助郭婞淳站上舉重賽場，但她強調，比賽當下一定是專注在每一次試舉的表現，不可能會去思考臉上的表情是什麼，但所有舞台的經驗都漸漸內化成為她身體的一部分，當她確定試舉失敗之後，也能立即讓自己「美美地面對不成功」，所以才會有東京奧運倒地的那張「失敗了也要保持優雅」的經典照片。

嘗試舉重以外的事物，接觸不同領域，除了可以讓郭婞淳看到不一樣的自己，讓她從這些非專長領域，透過出色的表現，不管是被別人誇獎，或是看到理想的成果，都能讓她從中獲得成就感。這樣的成就感，就像在舉重訓練突破自我一般，使她擁有更強大的動力。「帶著成就感回到舉重場上，心情會好很多，暫時逃離舉重場的不愉快，**分心一下，就不會一直沉浸在負面情緒裡。**」

舉重若輕的心理素質

每件事只要認真去做，都會成為養分。

如果遇到成長的撞牆期，不妨跳脫一下，

在不同的領域也可以找到共同的法則，

用不同的角度思考，打破既定框架。

belief

14

正向思考，磨難帶來智慧

「一切都是最好的安排。」

郭婞淳從剛開始逃避舉重，到如今正面迎接各種挑戰，更在二〇二一年完成奧運奪金的夢想，一路走來並非一帆風順。她曾經在二〇一四年嚴重受傷，又在二〇一六年里約奧運失利後陷入低潮，然而她都沒有被這些挫折擊垮，不僅一次次越過生命的低谷，甚至創造了運動生涯的高峰。

帶領她越谷攀峰的，除了是她不服輸的堅韌性格之外，也與二〇一四年受到楊定一博士身心靈的啟發，學會正向看待事物有很大的關聯。

找到一個支點撐起自己

二〇一四年，郭婞淳因賽前練習不慎，被重達百公斤的槓鈴壓傷，受傷的右腳當下無法動彈，讓躺在地上等待救護車到來的她，感到非常無助。她擔心自己的傷勢可能會影響未來的運動生涯，甚至危及生命，「因為訓練剛結束，身體冷掉，一度還以為自己是不是失血過多。」當時她心裡有很多小劇場，各種情境不斷在腦中上演。

所幸，她的擔心在一上救護車就有了改變。原本不受控的右腳開始能聽使喚，到了醫院以後，迅速地進行一連串的檢查，確認沒有發生骨折或肌腱斷裂的嚴重狀況，主要是肌肉大範圍的撕裂傷。來自醫院的完整報告，加上自己累積的保健知識，讓她也就放下心裡的擔憂。躺在病床上，她想的竟是，「總算可以休息一下了」，這個黑色幽默當然是她給自己的打氣，卻也是事實。那時

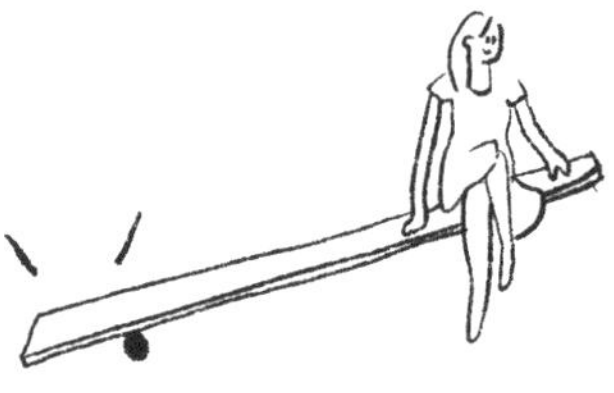

的她只有過年才能回到故鄉台東，而且還是移地訓練，不能回家與家人團聚，每天都在比賽與訓練中度過，累積了不少身心疲憊感。

後來，林敬能教練帶著麥當勞來醫院探望她，更是給病床上的她提振精神的理由，讓她找到了一個可以振奮自己的支點，「那時候要控制體重體脂，教練嚴格禁止我們吃速食，可以吃到麥當勞，真的超開心！」郭婞淳不是永遠不會灰心喪氣的鐵人，但她卻比一般人更快看到光明的事物，只要一個小支點，哪怕是麥當勞，也可以像槓桿一樣再次把她撐起來。

接受當下的負面情緒

然而，真正讓郭婞淳脫離受傷陰霾的關鍵，除了是來自長庚醫療體系的細心照顧與高壓氧治療之外，另外就是當時體育署副署長彭臺臨引介長庚生技董事長楊定一博士，給予郭婞淳身心靈的幫助，啟發了她看待事情的方式。那段期間，郭婞淳平日在長庚接受治療，假日就北上到長庚生技身心靈轉化中心進行身心的療癒。

楊定一博士與彭臺臨是在二〇〇三年結識的，那時彭臺臨是體育委員會競技運動處處長，正遭遇嚴重的健康危機，兩人因友人介紹而有了聯繫，楊定一博士便向彭臺臨分享了研究與實踐多年的真原醫理念，彭臺臨除了身體力行以外，後來在長庚生技身心靈轉化中心透過感恩的功課、正確的營養、身體運動、結構調整、各種物理能量、螺旋場和水的療癒，得到了很大的幫助。他聽到楊定一博士在海外輔導運動員的經過，便力邀楊定一博士參與二〇〇四年奧運國家隊的培訓工作。

「彭博士心胸很開放，當時台灣體育圈並沒有科學化訓練的觀念，主要靠苦練，也過度重視動物性蛋白質，反而沒有讓選手補充到最需要的營養。我親自為教練團準備了一整堂真原醫的營養課程，像是補充植物性蛋白、微量元素、好水的重要性，也提到不要依賴糖類來刺激爆發力，而要透過燃燒脂肪帶來能量，也就是低醣生酮的概念。這些都改變當時的舊想法。我也介紹當時最新的筋膜科學，並且透過靜坐和感恩將一套很完整的因應壓力技巧帶給選手。」

楊定一認為運動員光靠爆發力是不夠的，**長期的運動表現還是要看身心的彈性，才能將選手的潛力充分整合、全面發揮。**

正如楊定一送給郭婞淳的這句話：「一切都是最好的安排。」遇到楊定一博士是郭婞淳生命中最好的安排。

最好的安排

郭婞淳第一次與楊定一碰面，並沒有太多交談，她因尊敬而有些畏懼，但楊定一博士的溫柔很快就化解了陌生。那時，楊定一博士送給郭婞淳一個白水晶，這是他之前從巴西一位知名的療癒師那裡獲得的，特別的是，療癒師告訴楊定一博士：「這不是給你的，而是要透過你，送到一個小女孩身邊。」那時楊定一還不認識郭婞淳，但當郭婞淳從楊定一手中接獲這個水晶，得知背後的因緣後，感動不已。

楊定一博士告訴郭婞淳：「要將這個特殊的療癒能量和祝福帶給她。」雖然兩人話語不多，但來自楊定一博士「感恩、分享、愛」的觀念，徹底改變了郭婞淳面對事情的態度，更給了她勇往直前的力量。

「婞淳給我的第一印象就是非常善良和單純，她心裡好像有一個自己對生命的信仰，讓她自然可以聽進去我所談的正向和感恩的道理，而且最可貴的是，她不只是聽，而是真正去實踐。」楊定一記得當時郭婞淳的傷勢嚴重，距離仁川亞運只有四個月，任何的專家都覺得不樂觀，甚至恢復機會微乎其微，

所有認識郭婞淳的人，對她的第一印象就是善良與單純。
楊定一博士甚至認為她真正活出了正向與充滿感恩的生命，
這是她能夠快速從傷勢復原、重返賽場的關鍵。

但他接受彭臺臨的懇求，讓長庚生技身心靈轉化中心的團隊盡全力協助。

楊定一了解郭婞淳的狀況，以及在高雄長庚醫院進行的治療之後，便開始安排一些營養和淨化的課程，並配合整體的療癒，幫助她重建肌肉、提升元氣。在傷口還沒有穩定之前，他們先提供一個含有蓖麻油、樟腦油、陶瓷的黃金、蜜蠟、一種很特殊的泥巴與從植物樹皮提煉的油膏，讓她用這個油膏一天至少按摩腿部周圍三次，做為一種溫和的復健。

由於專業運動員所需要的營養和一般人有很大的不同，楊定一還請團隊給郭婞淳大量的微量元素和蕈菇類的調理素，配合使用一段時間後，身體會有很大的淨化，就能重新把組織和元氣補充起來，非常適合傷後的調養。若是配合一般的營養劑使用，可以帶來更好的效果。這些在海外的優秀運動員身上都有很好的成效。

另外，他還安排了特殊的鎂離子配方水浴，透過小分子團水所帶來的高速螺旋場和負離子蒸氣的引導，活化身體的代謝。再運用筋膜科學為她做結構調整，從各方面協助她恢復大腿肌肉的功能。

正向的力量

「婞淳和她的團隊每個星期準時報到，完全接受我們的安排，也做好自己該做的功課。每個週末，只要我有空就過去為婞淳打氣，看看她的情況，和她聊天，教她禱告，要她知道自己一定會好起來。我也讓婞淳隨時握著那顆白水晶，幫助她集中注意力，隨時回到內心。」楊定一告訴郭婞淳不要心急，代表國家的確是一個難得的機會，但不要計較表現與成果，「感恩有這個機會來比賽，感謝對手，感謝一切。把每一次上場都當作人生珍貴的感恩功課，這樣就好了。」

楊定一博士將真原醫的四個心靈聖約「感恩」、「懺悔」、「希望」、「回饋」帶給郭婞淳，鼓勵她帶著感恩和希望，透過適當地覺察和調整走出來，並將自己的收穫回饋給更多人。

「和婞淳相處的時間，我幾乎沒有感受到任何的負面和悲觀，全都是正向和樂觀。對於那些話，她真心相信，沒有一絲保留。一般人就算聽懂，也不見得能像婞淳把這些話打從心裡去接受、去做，這是最難得的。身心靈轉化中心的呂欣欣主任後來也告訴我，她第一次見到婞淳時，看到她整隻右腿裝著護具，需要同行的教練和助理抱著上下車，連站立都沒有辦法。但儘管如此，婞淳仍然滿面笑容，讓人印象非常深刻。」楊定一強調，受傷對運動員是很大的挫折，無論其他人怎麼講、怎麼勸，最關鍵的還是自己。就看一個人能不能看得開，鼓起勇氣繼續走下去。

無論是水晶、營養和淨化都只是輔助的工具，最關鍵的還是心念；「心就

「心就像火車頭，帶著我們面對人生的考驗。」
即使攀頂的路上偶爾有下坡，
但郭婞淳正向看待每段考驗，不氣餒，也不停止往前。

像火車頭帶領著整體，面對人生的考驗，一個人如果能像婞淳一樣正向、樂觀、時時感恩，那力量比任何外在的安排都大得多。回想這一路的歷程，我們只是剛好有一段時間陪伴她從受傷走出來，提醒她自己本來就有、不曾失去過的潛能。真正完成這一切的，還是婞淳自己。」楊定一對郭婞淳強韌的心理素質印象深刻。

來自楊定一博士的鼓勵與啟發，讓郭婞淳有了徹底的轉變，她不僅積極面對治療與復健，就連個性也更為開朗樂觀。她也明顯感受到自己的轉變，像是過往中華奧會舉辦的生涯規劃課程講座，她都不會刻意回答問題，但有天她鼓起勇氣舉手回答。「那一刻我就覺得很舒暢，有話不說，沒有人會知道，舉手發言，會有一種成就感，**從那時候開始，我對很多事就從以往的推辭，變成了自告奮勇。**」

一路陪伴郭婞淳走過治療、復健又重新站上舉重賽場的林敬能教練，也深刻感受到郭婞淳的變化，「不僅生活更自律、訓練更重視細節，對自己也更有理想與抱負了。」

挫折讓人生更豐富

經過四個月的復健，郭婞淳以難以置信的速度，回到舉重場上，站上仁川亞運的舞台。但，人生畢竟不是童話故事，原本被視為金牌大熱門的她，終究還是受到傷勢影響，最終以抓舉九十五公斤、挺舉一百二十四公斤、總和兩百一十九公斤的成績，沒能一圓站上頒獎台的美夢，「落寞失望當然是有的，但更感謝的是還能回到亞運的舞台。」

「我有想過，如果二〇一四亞運、二〇一六奧運我就拿金牌了，我會是怎麼樣？但我沒有拿到，當然是因為受傷，或許也因為這樣，二〇一八年拿到亞運金牌，二〇二一年拿到奧運金牌，讓我的舉重生涯和人生更豐富了一點。我一直想要成為一個有影響力的人，所以我必須經過這一些，才可以變得更有影響力，如果我在那時就拿到金牌，一切都很順遂，就沒有激勵人心的故事了。所以我每次想到都會覺得，『喔，一切都是最好的安排』。」

或許，正如林敬能教練用掛在馬刺隊休息室中，思想家雅各布·里斯（Jacob Riis）的話鼓勵郭婞淳一樣：「當一切努力看似無用，我會去看石匠敲打石頭。可能敲了一百下，石頭上連一條裂縫都沒有，但就在第一百零一下，石頭斷裂為兩半。然後我了解到，把石頭劈成兩半的不是最後那一下，而是先前的每一次敲擊。」

每一次的努力，或許不一定會有收穫，但是「所有的努力，終究不會流失於沙漠」。郭婞淳知道，美好，總是遲慢的；即使面對失敗，她也深信，美好終究會到來。

舉重若輕的心理素質

不要白白浪費在失敗中學習的機會。

當遇到挫折，切勿計算你損失了多少；

相反的，應該算算獲得了多少，你將發現，

得到的比失去的還要多得多。

belief

15

期許多高，就擁有多大的能力

「相信自己與眾不同，你就會與眾不同。」

對自己的期待是前進動力

「要相信自己與眾不同，你就會與眾不同，說來有點自戀，但我真的覺得自己跟別人很不一樣，我會給自己使命感。」郭婞淳對自己的期待很深，隨著成績不斷提升，以及在國際上帶回好成績，她知道，自己能做的事還有更多，這也是她努力前進的一大動力。

自小家境清寒的郭婞淳，因為接觸體育改變了她的人生，國中升上高中的重要階段，她決定選擇舉重做為延續運動員生涯的道路，也許那年全中運的接力掉棒、隔天舉重奪金，是她最終選擇的理由，但誠如國中教練林尚儀所說，以她的身材條件與身體素質，舉重才是她未來發展的正確道路。

教練能做的，是協助選手看到未來的可能性。林尚儀當初也不知道郭婞淳會從全國冠軍到如今成為世界紀錄保持者與奧運金牌得主，她只是希望這個家境不好的孩子，能透過舉重比賽的好表現，爭取獎學金來改善家中生活。這的確是郭婞淳踏上舉重道路最初的目標，從她剛進入台東體中訓練，再到進入國家訓練中心努力，為了要拚出成績，她願意忍受千篇一律的生活與訓練，忍受家人不在身邊的寂寞，當時的她一心想要改善家庭環境，想要讓外婆與母親不再過著打零工、捉襟見肘的生活，也終於在二〇一九年為家裡買下一棟房子。

郭婞淳現在回想為了家計在異地打拚的日子，「很累，但很開心自己能夠成器，覺得自己很不容易，自己真的太帥了。」

郭婞淳在二〇二一年亞錦賽一舉奪下三金，並且打破抓舉、總和世界紀錄，
同年也獲得碩士學位，她用行動證明運動員不只會運動。

把他人期待化為力量

家庭環境得到改善後，郭婞淳想做的還有更多，她回想自己一路走來，過程中，獲得太多人的幫助。從啟蒙教練林尚儀的堅持，台東體中教練蒲雅玲打好基礎，並放手送進國訓中心，到教練林敬能的嚴厲與包容並蓄，再到團隊包括物理治療師周詣倫與體能訓練師鄭玉兒的陪伴，她背後是一個強大的團隊，推動郭婞淳不斷往前。

來自外界的期待、發自自己內心的期許，對郭婞淳來說，都是壓力，她不總是能克服這一切困難阻礙，但是因為他們的陪伴，也因為郭婞淳對團隊的信任與感謝，以及對自己的堅持，讓她擁有更強大的力量。

舉重是郭婞淳選擇的道路，不斷突破自我是她的堅持與運動員的使命，但催促她往前的，除了自己超強的好勝心，還有家人、教練、團隊、學弟妹，甚至是粉絲們。她只要想到如果自己能舉起出色表現，可以改善家庭環境，可以為團隊帶來更多資源，可以為粉絲帶來更多力量，她就不怕訓練的辛苦，持續挑戰自我極限。

「如果我好，很多人會因為我一起變好，那麼我希望透過自己的努力，持續帶給更多人希望。」郭婞淳追求自我突破的同時，也因為利他的想法產生力量，才讓她如今能站上世界的顛峰，更重要的是，她還沒有停下前進的腳步。

受到太多人的恩惠，當自己有能力的時候，也希望做個願意付出的人。「做善事，就會很開心，」她甚至將此視為自己的志業，「會希望自己再好一點、再拚一點，就有更大能力去幫助更多人，對我來說，這也是一種動力。」

扛起家庭、捐助弱勢，都是郭婞淳催促自己前進的動力。如今她已成為奧運金牌，仍有繼續努力的理由，她期許自己成為一個更有影響力的人。郭婞淳分享，自二〇一四年受傷以後，她的心態有了很大的變化，開始有一些分享的邀約，也開始意識到，有些話不說出來沒有人會知道，所以希望透過分享自己的經歷，鼓勵人在遭遇挫折的時候，也能勇敢面對。郭婞淳發現她的分享、她的所作所為，都可能影響到某些人的生命。

因為舉重的出色表現，吸引更多人關注，無論是公益代言或是分享演講，她希望能更多方面涉獵，提升自己的知名度，增加影響力，讓她能獲得更多資源。無論是為運動員發聲，或是協助社會角落的弱勢家庭，她希望從自己開始做起，讓更多人因為她的努力而動起來，成為一個正向的循環。

郭婞淳不只是透過舉重比賽來聚集關注，她也利用社群經營更多粉絲，分享自己的生活點滴，鼓勵更多人持續往前，她想著：「社會對運動員有很多刻板印象，以為我們只會運動，很多都不會，我想呈現的是，我不只是會舉重，還有很多面向；**其實運動員不只是會運動，我希望帶給大家正面的感覺。**」

舉重若輕的心理素質

我們都知道，情緒很容易感染到身邊的人，

所以保持微笑吧！

能讓身邊的人不管是面對艱苦或是挑戰，

都因為你而充滿力量。

Part 4

成為有光的人

我到底追求的是什麼？

「人生不只是贏得比賽。」

讓光傳遞出去

一路成長的郭婞淳受到許多人的幫助，起初她可能只是微小的光，但被許多人照耀了之後，她慢慢變成照亮更多人的太陽。

郭婞淳每每遇到生命叉路，總有貴人引導，她深感幸運，更感恩老天每次給的功課，都有人能帶領她解題。她內心有著滿滿的感恩，並將這一切對生命的感謝，轉化為回饋社會的龐大動力。她追隨故鄉大善人陳樹菊的腳步，熱心公益、捐助救護車、幫助弱勢家庭，甚至將感恩的力量化為賽場上的努力，催促著她爭取更好成績。

每每跟郭婞淳聊天，若是聊到她從奉獻中得到的回饋，她的大眼總是隨時準備潰堤。她因為熱心公益，哪怕只是一句「謝謝」，都能讓她感觸良多，她總是希望，如果自己的善舉能影響到更多人，那每一個被影響的人，一定也會影響到其他更多的人，正向的力量就能成為一個「善的循環」。

如今，擁有奧運金牌榮耀的她，不只是頂尖運動員，還是許多人的榜樣。她其實知道自己肩負的責任，更樂於分享自己的故事，她希望透過自己的人生，無論是運動員，或是扮演其他領域的公眾人物，因為自己的努力與勇敢嘗試，能激勵到更多人，也許有人聽見她的故事，成為一個更好的自己。

郭婞淳繼續往二〇二四年巴黎奧運的目標前進著，繼續為自己的運動員篇章添上豐富色彩，但與此同時，她開始學習為運動員發聲，甚至透過自己的表現，讓世界看見台灣，期許自己成為更有影響力的人。

發自內心的感恩，轉化為奮鬥的動力，進而幫助更多的人，影響更多的人也來幫助別人，這是郭婞淳對自己和社會的承諾。

belief

16

沒有人可以決定你的樣子，只有自己可以

「我一直很希望讓大家看到不一樣的郭婞淳！」

打破刻板印象，為自己找回自信

郭婞淳國中開始接觸舉重，當時包括家人與她自己在內，都對舉重存有刻板印象，無論是粗獷身材或是陽剛形象，這讓她不僅曾經否定這項運動，有段時間也讓她對自己沒有自信。

郭婞淳小時候認為舉重都是男生在玩的運動，而且練舉重肌肉就會變很大塊。她回憶自己開始有一些成績之後，也會聽到許多外界對她的評價，但大部分都是基於對運動員的刻板印象，像是很多人會跟郭婞淳說：「妳的力氣一定很大。」事實上這都是人們主觀的刻板印象。

刻板印象影響到的，不只是舉重選手，甚至是所有的運動員。郭婞淳開始練運動專項，也沒有放棄學業，即使沒辦法考高分，還是認真上課。**「運動員只是把更多時間花在訓練運動上，而不是讀書，這是我的選擇。」**郭婞淳從小就在心裡種下這樣的觀念，她想要讓大家知道，運動員絕非「頭腦簡單，四肢發達」。在她逐漸取得大賽成績，獲得更多關注後，她知道她可以改變大家對運動員的刻板印象。

最為人所知的，就是那句「就像跟槓鈴在跳舞」，也愈來愈多人讚美郭婞淳，看見她舉重真的很不一樣，不會齜牙咧嘴，而是力與美的完美結合。

「我一直很希望讓大家看到不一樣的郭婞淳！」一路以來，她發現自己的辨識度提高了，現在就算戴口罩與墨鏡，走在路上都會被粉絲認出來。欣喜之餘，更開心的是，大家都知道她是一名舉重選手，因此能讓舉重，甚至是整個運動領域，都受到更多的關注。

除了是舉重選手，也可以是很多角色

隨著知名度提升，郭婞淳開始有許多運動場以外的嘗試，包括擔任緯來體育台的主播、「夯運動」活動與「體育推手獎」頒獎典禮的主持人，以及「全明星運動會」的評審；在東京奧運結束後，她更接受「看板人物」與「新聞高峰會」的專訪，甚至還參加「食尚玩家」與「T觀點」擔任台東推廣大使；當然不能不提的，就是接受時尚界包括《ELLE》與《VOGUE》等時尚雜誌拍攝與專訪的邀請，甚至參與台北時裝週的走秀演出。

各種不同的嘗試，對郭婞淳都是不同的挑戰，也有著不同的喜愛；例如拍

攝雜誌封面，可以美美地拍照，但要怎樣立刻做到攝影師要求的動作與神韻，則又是挑戰；又例如，擔任主播或是主持人，一方面當然也是美麗登場，但另一方面則是面對鏡頭或群眾的緊張感，必須做好萬全準備。

郭婞淳特別感謝一路照顧她的幸福診所林聖章醫師，不只提供她飲食觀念與營養品攝取的幫助，還提供杏仁酸煥膚的療程，讓她應對各式各樣邀約時，臉上更加容光煥發，展現更有自信的模樣。

自我要求甚高的郭婞淳，「無論是拍照或主持，就算順利完成了很開心，還是會回頭想，剛剛如果怎麼樣就更好了，很希望能呈現得更完美。」即使不是專業模特兒、主播或主持人，她就是希望透過自己的準備與努力，以及過往經驗的累積，讓成果趨近完美。

透過不一樣的嘗試，郭婞淳看到了自己不同的可能性，也讓她更願意接受跨界邀約。這些嘗試不同領域的經驗，也為她的生活添上光彩。

已經有多種嘗試的她，還沒打算停下腳步，希望再挑戰自己其他的可能。「我想接觸更多不一樣的身分，希望能有更多不一樣的嘗試。」她從不同角色中，看到最真實的自己，更鼓勵著她，繼續往理想的自己邁進。

隨著運動生涯持續前進，郭婞淳發現她其實可以改寫這些刻板印象，舉重選手也能帶妝上陣，留下美麗的形象。**她不讓自己受到侷限，勇敢接下每一個不同的挑戰，因為她想看自己在做其他事情時是怎麼樣，除了舉重以外，自己是什麼樣子**。郭婞淳，不只是一位舉重選手，也有自己的各種風貌。

然而，做為一名頂尖運動員，郭婞淳對跨界的想法非常明確，就是一切還是以訓練與比賽為主。她願意接下一些活動邀約，出現在不同領域的場合，是因為已經在舉重場上有不錯的表現，她可以利用訓練或備賽的空檔，挑戰不同角色，甚至到了現在，也是因為終於跟林敬能教練一同達成了生涯目標，拿下奧運金牌，才開始更多元地跨界，但即使如此，她心裡仍是清楚地為自己畫下

郭婞淳勇敢接下不同領域的挑戰，
因為她想看看除了舉重以外的自己，
不讓別人的刻板印象決定自己的樣子。

一條界線，「一切以運動員為主。」

走出自己的跨界

當今是個網路社群發達的時代，郭婞淳也有經營自己的社群，對於經營自己，除了有經紀人的協助，她也很有想法。「希望讓大家看到不一樣的郭婞淳，但也不能太頻繁。」她強調，性質相同的貼文會減少新鮮感，偶爾可以穿插訓練畫面或日常生活照，但最高原則就是，不讓經營社群影響她的備賽狀態，所以備賽期一定會減少曝光。

頂尖運動員也是公眾人物，知名度甚至能與不少藝人並駕齊驅，這在歐美國家或日本與韓國都不是新鮮事，節目邀約或廣告拍攝經常滿檔。台灣運動員儘管跨界的活動較少，但經過東京奧運的發酵後，也經常可以看到運動員的廣告或代言，郭婞淳認為這是好現象，但她強調這是運動員的本分：從提升運動員在大家心中的形象，進而提高運動的地位。

對郭婞淳來說，成為運動員是值得驕傲的事，她的天賦是老天選了她，她則自己選擇走上舉重這條路。曾有人問她，如果未來有孩子，會不會希望孩子也能走上運動員的道路？她毫不遲疑地表示，只要孩子有天分，當然會鼓勵他們選擇體育，因為運動員同樣能為國家社會做出貢獻，也能為自己的人生締造成就，這些是她自己走過的道路。但是她也會尊重孩子的選擇，不論選擇哪一條路都會有辛苦和挑戰，而她已經親自展現了「含淚播種，必能含笑收穫」。

郭婞淳除了在舉重專業上付出許多代價與努力，在面對新的身分與角色上，也同樣知道要透過不斷練習打底、累積經驗，才能在各種表現上有所突破。她不僅想要打破刻板印象，更想要**自己刻畫自己的模樣**。希望讓更多人看到「不一樣的郭婞淳」，這不僅是一句口號，而是需要時間與心力達成的目標。

舉重若輕的影響力

你的選擇，決定你成為怎樣的人；

也只有你能為自己的選擇負責。

問問自己「你想讓人看見怎樣的你」呢？

belief

17

當你想到的不只是自己，就會做到更多

「既然有這個機會與位置，我可以試著做些什麼。」

迎接未知，面對挑戰

郭婞淳面對生命中的不同挑戰時，總是以國際知名舞者許芳宜為目標。許芳宜的故事激勵人心，不在於她的成功；而在於她在成功之前，經歷了多少努力；更在獲得成功以後，繼續挑戰其他不同的面向。許芳宜從小接觸舞蹈，為了追求卓越，勇敢赴美考取頂尖的瑪莎葛蘭姆舞團（Martha Graham Dance Company），剛出國時，她連英文都不會說，卻在三年內就從實習舞者到獨舞者，更在一九九九年以外國人身分成為首席舞者，演出獲得美國藝評的盛讚，被譽為「瑪莎葛蘭姆接班人」，以動人的演出征服紐約。

儘管在舞蹈表現獲得極大成就，許芳宜並沒有停下追求挑戰的腳步，她二〇〇七年成立拉芳．LAFA舞團，前往世界各地演出，結束舞團後，又開始與國際頂尖藝術家合作，甚至參與電影《逆光飛翔》、《刺客聶隱娘》，以及電視劇《俗女養成記2》的演出。她獲得前總統陳水扁頒發五等景星勳章，更是國家文藝獎有史以來最年輕的獲獎者。

許芳宜的經歷與故事，讓郭婞淳獲益良多，首先是面對不同挑戰的勇氣。舉重是挑戰性極大的運動，選手面對動輒上百公斤的槓鈴，還要不斷突破，龐大的心理負擔會影響訓練或比賽的表現，許芳宜的故事讓她充滿力量，甚至能隨口就引述許芳宜的話：**「這世上你只需要追上一個人，就可以讓你驕傲一輩子。」郭婞淳說這個人就是自己。**

其次，是對身體的控制。郭婞淳原本就是對於身體有高度感知與掌控力的運動員，她能明確感覺身體目前進行的動作，而來自許芳宜的經驗分享，讓她深有同感，「身體靠著不斷練習，會變得聰明。」她認為現代舞在這一點上似乎與舉重相同，「愈清楚身體在做什麼，做出來動作的感覺就會愈好，非常地流暢，就像跟槓鈴跳舞一樣！」

最後，則是對應到自己的現狀。郭婞淳在新冠肺炎疫情期間，又讀了許芳宜的另一本書《我心我行．Salute》，那時因為東京奧運延期，她也有了機會與時間能擔任指導學弟妹的工作，儘管她一直都不認為自己適合擔任教練，但她仍嘗試傳承經驗。當她看到書裡提到「國內外學生對自我要求的心態」，讓她有感地說：「國外的小朋友會思考怎麼更好，國內的小朋友則容易陷入低落情緒，這部分有講到我當時教學的一些困境。」

因著這些巧妙的關聯，國際知名舞者許芳宜成為奧運舉重金牌郭婞淳的學

許芳宜鼓勵郭婞淳「迎接未知，面對挑戰，莫忘初衷」。

習對象，郭婞淳發現自己的許多生命經歷，得到了新的詮釋，發現了解決的方法。更重要的是，許芳宜不斷挑戰自我的過程，給了郭婞淳極大的啟發，催促著郭婞淳去挑戰未知領域。不只是舉重，還有成為更有影響力的自己。

能力愈大，責任愈大

郭婞淳不斷突破自我的過程中，得到了來自各方的肯定，但郭婞淳並沒有因此自滿或歸功自己。反而使她明白，自己的所作所為都會產生影響，可能是小朋友的榜樣，又或者是年輕選手的目標，甚至成為台灣的「看板人物」。

物理治療師周詣倫認為，郭婞淳最特別之處，在於視野的不同。當郭婞淳的能力累積到一個程度，她的高度也隨之提升，她知道她能幫助更多體育人，她的格局已然不同。

「能力愈大，責任愈大！」漫威熱門角色蜘蛛人的經典台詞，對現在的郭婞淳來說，應該更有感觸。體能訓練師鄭玉兒看到郭婞淳的突破，起心動念已不再只是為了自己，而是更多基層的小選手、偏鄉的小朋友。正因為自己的歷程，知道成為一名運動員有多麼不容易，郭婞淳希望自己也能成為那個幫助人的角色。因此，她選擇在體壇有立足之地，勇敢為運動員發聲。

為運動員發聲

二〇二一年底，帶著奧運金牌光榮返國的郭婞淳，有了一個新的身分，就是中華奧會第十三屆運動員委員會新任委員。她坦言，一開始接到公文要候選，原本沒有想法，但願意接下挑戰的原因，就是希望能以選手身分，將選手或教練的想法表達出來，讓更多建議被採納，貼近第一線選手或教練的需求。

運動員委員會的選任是由中華奧會內部投票，選出郭婞淳來參與委員，郭婞淳感到榮幸，更感到責任重大。而這並非郭婞淳第一個涉及公共事務的職務，她目前也是國家運動訓練中心的第二屆董事。雖然郭婞淳還是現役選手，但新的身分代表更多責任，既然承擔責任，她就做好分內的事，多傾聽其他運動員的想法，透過溝通與協調讓體育環境變得更好。

雖然心情很篤定，但郭婞淳對於新職務仍多少有些忐忑。一方面是年齡尚輕，還欠缺歷練；另一方面則是社會經驗較少，害怕自己還沒有這樣的擔當。但她拿出賽場上面對挑戰的決心與勇氣，「就像我喜歡嘗試很多不同的運動，嘗試過才知道適不適合。運動員生涯到了現在這個階段，我想先試試看，即使還有目標要努力，沒有太多時間專注在職務上面，但很多經驗豐富的前輩都很願意跟我分享。」

二〇二一年十一月二十二日，中華奧會主席林鴻道帶領體育界人士前往立法院拜會各黨黨團，針對運動產業發展條例的修正條文，尤其是「營利事業透過教育部設立的專戶，捐贈教育部專案核准的重點運動業，申報所得稅時，得按全數捐贈金額的一五〇％，減除當年度營利事業所得額。」爭取各黨支持，獲得熱烈響應，郭婞淳就是其中的成員。這是她第一次以中華奧會委員的身分參加政治性活動，她雖然一度有些遲疑，但為了提升運動員的工作環境與待遇，她知道自己有責任必須代表發聲。

郭婞淳是舉重選手，但自小就熱愛籃球，台灣目前有兩個職業籃球聯盟，P.LEAGUE+ 與T1聯盟，她很常到現場觀賞比賽。她當天就以職業籃球為例，表達自己的看法，強調企業贊助若能更加優惠，則有助於體育的發展。她談到職籃賽事現場，除了欣賞高強度的籃球賽事，她更喜歡職業聯盟熱鬧的比賽氛圍，她希望有朝一日，舉重或是其他運動賽事，也能吸引很多觀眾進場觀賽。

台灣體育環境仍存在需要提升的地方，仍有想法與觀念未能與時俱進，但許多選手與教練選擇專注在訓練與比賽中，不願提出太多意見，郭婞淳曾經也是。然而她如今已經是奧運金牌選手的身分，除了外界賦予的期待與責任，她對自己也有更多的期許，「既然有這個機會與位置，我可以試著做些什麼，我覺得要先去做、先去講、先去說，再來看看能不能改變，**成功與否是之後的事，但總要先踏出第一步。**」

期待看到自己不同風貌，期待能讓人看到不一樣的郭婞淳，期待自己做什麼像什麼，期待自己擁有更大的影響力，郭婞淳走在自己期待的道路上。接下來，還將代表中華奧會，角逐二〇二四年奧運國際奧會（International Olympic Committee, IOC）運動員委員選舉。過去兩屆分別由朱木炎與周天成參選，但競爭激烈，選舉方式和規定又十分嚴格，屆時對她來說，又將是不小的挑戰。

郭婞淳在二〇二四年巴黎奧運，既要完成自己的生涯目標，又要代表台灣參選國際奧會運動員委員選舉，她深感責任重大，但她沒有選擇逃避，而是積極以對。也因此，她開始利用訓練空檔時間，加強英文能力，若是真要參選，她才能明確表達自己的理念，爭取其他國家運動員的認同。

郭婞淳如此積極，還有一個原因，如同每一個勇敢挑戰世界舞台的運動員一樣，希望讓更多人看到台灣，「在吳經國委員退休以後，我們在國際奧會上就沒有發言權，許多老師都認為我很適合，我希望去試試看，如果能當選，就有人在國際奧會，為台灣發聲。」

舉重若輕的影響力

那些走過的艱辛，也許是要賜給我們同理心，

去理解和幫助有同樣遭遇的人。

當遇到這樣的機會，不要害怕，

嘗試去做，即使渺小的光也能照亮黑暗的角落。

belief

18

成就別人的同時，也成就了自己

「我一直覺得，我不只這樣子，我還可以更好！」

看重朋友的個性

郭婞淳從小到大，在團隊的互助合作中成長，團體生活讓她的生活多了更多色彩，無論是運動場的勝負，或是隊友間的相互扶持，也養成了她依賴朋友的個性。

「很喜歡大家在一起的氛圍！」郭婞淳笑著回憶小時候參與任何運動，平日都跟隊友相處在一起，空閒時間就出外遊玩，跟隊友相處的時間可能比家人還多。正是因為生活中許多空白都是由朋友填滿，讓她更重視朋友。

對年幼的郭婞淳來說，能有隊友一同訓練，是她當時接觸體育的一大動力，即使到了現在，她必須面對高強度的壓力，「有時還是會感到孤單，就希望有朋友陪伴。」

也許是自小就有樂於分享、喜歡大家在一起的性格，又特別珍惜朋友間的情誼，郭婞淳只要得知朋友有難，一定會提供協助，但隨著時間推移，她發現許多所謂的朋友，最後卻逐漸疏遠，甚至消失。

與其說在意失去的金錢或物質，她可能對人性更為感慨，也讓單純的她開始篩選，去感受每一個身邊的朋友，「也是一個學習的過程，」郭婞淳總是往正面的方向思考。

無微不至的體貼

對郭婞淳來說，一路陪伴她前進奧運金牌的團隊，也是她最親近的朋友，包括物理治療師周詣倫與體能訓練師鄭玉兒，他們幾乎朝夕相處，更有著共同目標。他們對於郭婞淳重朋友的特質，就有很深感觸，無論是從自己與郭婞淳的互動，或是平時看到她待人處事，都讓他們非常欽佩。

周詣倫分享一個東京奧運備戰與比賽期間的小故事。

郭婞淳是東京奧運公認的奪金大熱門，她自己必須承擔壓力之外，身邊的團隊更明白自身工作的重要性，但周詣倫做為國訓中心此次奧運出征團隊較為資深的成員，除了需要照顧郭婞淳，還需接下防護行政等工作，一方面要跟同事確認攜帶的器材，還要注意合宜地分配物理治療師與防護員的名額，讓每個出賽的選手都能得到協助，更別提當時千斤萬斤責任重大的防疫工作。

周詣倫回想，當時手邊有很多事要處理，要顧及對選手的公平，郭婞淳貼心地為他著想，想著可能周詣倫來不及吃飯，就詢問需不需要幫忙煮麵，又或者她會將自己每日治療的順位排在所有選手的最後，希望不要因為她，讓周詣倫難做事。

分享榮耀的謙卑

在郭婞淳的團隊裡，周詣倫是比較理性的角色，大部分時候扮演郭婞淳與教練林敬能之間溝通的橋梁。鄭玉兒除了體能訓練的專業以外，對郭婞淳在心理層面上也有很大的幫助。

二〇二一年的東京奧運，受到疫情影響，參賽國家的貴賓與工作人員數量都被迫縮減，鄭玉兒是郭婞淳團隊內唯一沒能陪同前往的成員，但郭婞淳奪金

（上圖）與郭婞淳一起奮鬥的團隊，由左至右分別是物理治療師周詣倫、體能訓練師鄭玉兒，以及影響郭婞淳最深的恩師林敬能。

（下圖）奪下二〇二〇東京奧運金牌後的第一通電話，郭婞淳打給無法同行的團隊成員鄭玉兒。

後的第一通電話就是打給她，因為郭婞淳深知，有團隊一路陪伴，她才能完成奪金的目標，雖然鄭玉兒無法到東京，但她的付出對婞淳來說一樣非常重要，也希望第一時間跟她分享喜悅。

鄭玉兒回想，她當下還在電話裡唸郭婞淳，怎麼開這麼高的重量。「雖說無法在她旁邊為她喝采，但這通電話讓我很開心，也很感動，我很榮幸可以認識婞淳，幫助她朝她的目標前進。」

團隊之於郭婞淳的重要性，可以從她再拚二〇二四年巴黎奧運的決心證明，因為巴黎奧運的理念就是「分享」，傳出金牌設計成可分為四面的獎牌，她希望打破世界紀錄再度奪金，背後的初衷不僅是完成自己遠大目標，更是希望將奪金的喜悅，透過可以分開的四面獎牌，與團隊的每個人分享。

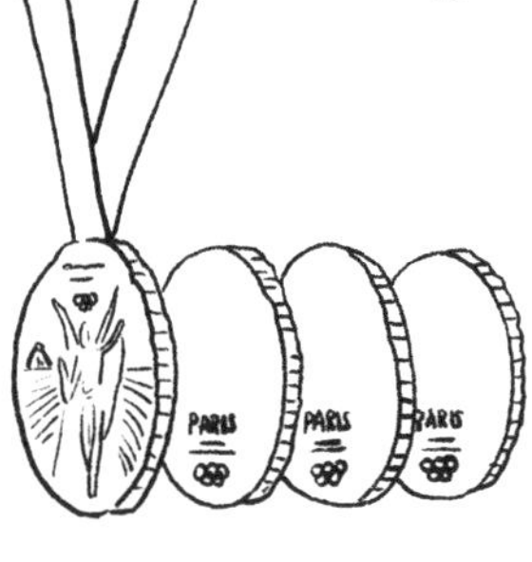

成就別人，也成就自己

郭婞淳是一個瞄準世界紀錄的頂尖選手，她展現努力與奮鬥的態度，同時也明白，要往遠大的夢想前進，只有她一個人的努力是全然不夠的。她需要物理治療師提供更快恢復的治療，讓她能對抗年紀與傷痛；也需要體能訓練師提供更有效率的訓練，幫助她在已經非常傑出的訓練成果中，再持續進步。有了他們，才有更棒的自己，郭婞淳深深知道，更感激著。

郭婞淳對周詣倫的貼心、對鄭玉兒的依賴，不是來自功利性的互取所需，而是來自朝夕相處的彼此了解，以及願意為朋友真心付出的情誼。周詣倫即使工作滿檔，仍然全心扮演好郭婞淳最信任的物理治療師；鄭玉兒受到郭婞淳的感召，挑戰全運會的柔道賽事，拿下銅牌。他們在過程中得到屬於自己的成就感，同時也帶給郭婞淳喜悅與感動。

除了親近的朋友，郭婞淳對家人的奉獻、對學弟妹的鼓勵、對弱勢的捐助，看似付出，但她更相信，這些都成為驅動她往更遠大夢想前進的動力，使她成為更好的自己。她不是沒有脆弱的時候，但這些成就別人的起心動念，讓她看到屬於自己的責任，變強就成為她唯一的目標。

「我一直覺得，我不只這樣子，我還可以更好，我一直相信我自己。」郭婞淳的自信，來自於她的付出，來自她一直堅持的「婞念」。

舉重若輕的影響力

人生不只是贏得比賽，

而是幫助別人一起完賽。

belief

19

從接收者變成給予者

「人不能被欲望沖昏頭。」

希望成就別人，其實也是因為郭婞淳深知，是許許多多的人成就了自己；也深知她的成功，不僅僅是靠自己努力，還有一路上家人的支持、老師的鼓勵、國家的資源。她常說自己非常幸運，也為此心懷滿滿感激。

家從避風港變成守護的對象

郭婞淳從高中一年級就進入位於高雄左營的國家運動訓練中心，每次她從高雄搭火車回台東，都會經過南迴線的東海岸，經過大武站以後的壯闊海景，是郭婞淳每次回家的美麗回憶，她總會拿起手機，拍下東海岸的美景。郭婞淳回想這些年來回家途中的心境，好像也看見自己的成長。

過去，因為教練管很嚴，郭婞淳回家次數少之又少，那時候回家只想找媽媽。現在回家，心情卻轉變很多，她知道自己能扛起這個家，回家就是享受與家人聚在一起的時光。

郭婞淳自小沒有一個屬於自己的家，她和家人曾經住過一間租得比較久的房子。那間房子的大門是木門，因為家裡都是女生，郭婞淳怕家人危險，想換一個好一點的大門，但媽媽總說這是人家的房子。每次聽到媽媽這麼說，郭婞淳就在心底下定決心，一定要買一間屬於自己的房子。

隨著成績不斷提升，郭婞淳在比賽中拿下佳績，並獲得獎金，不但能負擔家用，距離買房子的夢想也愈來愈近。她回想買房子那次搭火車回台東經過海

郭婞淳與家人感情很好，阿祖盧靜子（右二）榮獲金曲獎「最佳原住民語歌手獎」時，郭婞淳陪阿祖一起走紅毯。

岸線時，心中有說不出的感動，「沒想到二十幾歲就能幫家裡買房子，感覺自己好像真的長大了。」

郭婞淳在二〇一八年雅加達亞運摘下生涯第一面亞運金牌，也在這時候確定要買下屬於自己的家。這個家不只是郭婞淳的家，更是他們整個家族的驕傲，從家中擺設都是郭婞淳的大小榮譽就看得出來，郭婞淳的阿姨們都笑著說：「有娘家了！」大家真的非常開心。

一路看著郭婞淳奮鬥，母親郭燕瓏滿是不捨，儘管自己也經歷必須出外打拚賺錢的日子，但她深深明白女兒付出了多少代價。郭燕瓏哽咽回憶，外婆中風那時候，郭婞淳告訴母親：「媽媽，以前都是妳在扛家，現在妳好好照顧阿嬤，家裡換我扛。」郭燕瓏流下了苦盡甘來的眼淚。

從被引導到有能力幫助別人

郭婞淳能夠以舉重回饋家庭，也是因為有老師的照顧與付出，才成就今天的郭婞淳。啟蒙教練林尚儀、台東體中教練蒲雅玲，以及當時就已經接觸郭婞淳的林敬能，都曾經對她逃避舉重的態度感到無奈與失望，但沒有人選擇放棄，因為他們都知道，蘊藏在郭婞淳身上的潛力是值得期待的。教練們給予這位女孩最大的包容和支持，就如同林尚儀認為，「這個年紀的孩子需要引導，當然，最重要還是自己要努力，但我們可以給她一個方向。」

郭婞淳跟隨著教練林敬能來到國家運動訓練中心後，從一個有天賦的小選手，經過林敬能的用心栽培與訓練，奪得全國冠軍，進而成為世界冠軍，她開始勇敢做夢，不僅希望能在亞運，甚至奧運上拿金牌，還希望自己的名字掛上世界紀錄保持者的欄位。

但正當郭婞淳如日中天之際，老天爺開了一個玩笑。她在二〇一四年仁川亞運前嚴重受傷，右大腿肌肉百分之七十斷裂，強迫她停下腳步。不過，傷勢沒有擊垮郭婞淳，當時體育署副署長彭臺臨，引薦身心整體健康醫學專家楊定一博士，楊博士啟發與引導郭婞淳，徹底影響她對運動生涯與人生的看法，讓她更勇敢面對挫折，迎接每一個挑戰。

人的一生，總會面對交叉點，面對各種挫折，郭婞淳也沒有例外。她有幸在面臨生涯十字路口時，有關心她的師長們給予引導；在遭遇嚴重打擊時，獲得專家提供專業建議與協助。每當她回想生命的歷程，深深知道所有獲得都不是理所當然，心中充滿感恩，這感恩的力量，幫助她面對每一個不容易的時刻，更創造出未來的無限可能。

「很多人把感恩放在嘴巴，但最好的感恩就是回饋。」林敬能談著郭婞淳的初衷，驕傲地分享郭婞淳從「感恩」出發所做的一切。

將感恩化做回饋

很多人強調感恩的力量，郭婞淳的作為與想法，已經完美演繹感恩帶來的力量。她自小獲得許多貴人相助，如今成為奧運金牌，她感謝一路上伸出援手的每一個人，也同時對別人提供幫助。

郭婞淳在進入國訓中心後，無論是來自國家的支持，或是教練的安排，她擁有許多資源，但她沒有選擇將這些裝備或器材留在自己身邊，而是留下足夠的，將身邊多出來的資源，包括鞋子、衣服等分享給學弟妹，希望藉此鼓勵學弟妹用心訓練，不會因為家境，失去努力的機會。過年時，郭婞淳還會為國訓中心的學弟妹辦摸彩活動，看到他們開心的模樣，郭婞淳也打從心底感到滿足。

郭婞淳對「回饋」的想法令人欽佩，她覺得自己和家人的東西夠用就好，她還不是頂尖選手的時候，就會照顧後輩選手，分享多出來的資源給學弟妹，或是給其他有需要的人。對她而言，提供家用當然是第一優先，但她認為剛好就好，不會給得太多，不會給得太好，理由很單純，**「人不能被欲望沖昏頭。」**她緊緊遵循這個道理。

即使近期家中長輩生病，需要大筆金錢治療，她在了解自己對家庭的責任之餘，仍不忘為社會做出貢獻。原本沒有理財觀念的她，也開始學習理財知識，希望這些累積，能應付家裡突如其來的急用，也同時幫助更多需要的人。

郭婞淳希望自己好，包括家庭，這也是她走上舉重道路的初衷，但她不會守著自己擁有的一切資源，而是去幫助別人，學弟妹、弱勢族群或慈善團體等，也許是物資、金錢或是代言，盡自己所能地給予。

舉重若輕的影響力

所有獲得都不是理所當然，

所有努力也不全然為了自己。

因為心懷感激，所以更加努力，加倍珍惜，

也更能將擁有的東西再給予出去。

belief

20

開始去做，世界就會改變

「我相信一定有人被感動，他們也會用他們的方式去幫助別人。」

最敬佩的人

郭婞淳跟母親與外婆一樣心地善良、樂於奉獻，每每看到電視上有困苦孩子的故事，還會流下眼淚，幫助弱勢的種子悄悄種在心中。郭婞淳喜歡行善，捐救護車、捐款給社福機構、身體力行為社福單位募款等，這並非是她有出色成績之後才做的事，而是她自小就以「分享」為樂。

郭婞淳喜歡行善帶來的愉悅，更喜歡善舉帶來的影響力，影響其他人的生命，也希望他們去協助別人，形成一個善的循環。

熱愛分享的郭婞淳，心中有位敬佩的人在故鄉台東，就是「愛心菜販」陳樹菊。陳樹菊只是台東中央市場的菜販，儘管收入並不豐厚，但她勤儉生活，不但一肩扛起早逝母親的持家重擔，更將收入資助貧弱孤幼、捐贈給學校圖書館與醫院，甚至成立「陳樹菊醫療貧困暨癌友關懷基金」，去年更再捐出一千五百萬元給台東縣政府幫助弱勢婦幼和家庭。

陳樹菊的感人故事，不僅在台灣流傳，更獲得世界各地的稱頌。她在二〇一〇年獲《富比士》（*Forbes*）雜誌選入亞洲慈善英雄人物榜；同年，又獲《時代》（*Tims*）雜誌選為年度最具影響力時代百大人物之「英雄」項目的第八位；也獲得《讀者文摘》（*Reader's Digest*）頒發第四屆年度亞洲英雄獎；更在二〇一二年獲得麥格塞塞獎（Ramon Magsaysay Award），表揚她行善多年的「利他主義」。

陳樹菊絕不是捐贈善款最多的人，但她所捐出的每一塊錢，都來自於她一分一毫的努力，這正是令郭婞淳敬佩之處。郭婞淳捐贈救護車的初衷，是因為看到陳樹菊也捐救護車，「她靠雙手努力賺錢，可以做這麼多，真的很不簡單；看到阿嬤都能做到，就覺得自己更應該努力，就算沒辦法像阿嬤做得多，但可以慢慢累積。」

那個「無名氏」

郭婞淳捐救護車到澎湖馬公的惠民醫院，其實中間有所轉折，她原本要捐給她的出生地，羅東聖母醫院，但羅東聖母醫院建議她將救護車捐到更有需要的地方，就促成了她捐救護車到離島澎湖惠民醫院的美事。

一開始，郭婞淳捐款做慈善，一直保持低調，她不希望自己做的事被四處宣揚，捐救護車也是被當地記者發現後，才被媒體報導出來。之後，她又到台東聖母醫院捐款，仍希望用「無名氏」低調行善，要不是被醫院的警衛發現，她就默默地又捐了一筆善款。

但隨著善舉逐漸曝光，郭婞淳對於捐款行善的想法也開始有了轉變。她回想當初捐贈救護車到澎湖馬公，收到當地醫護人員與病患寫來的感謝卡片，她看著卡片上的一字一句，感動到無法自已。

「我只是捐了一輛救護車，可以影響那麼多人，還有更多人看到這些行為，我相信一定有人會被感動，他們也會用他們的方式去幫助別人，又會被更多人看到，對社會的幫助就不只是這輛郭婞淳捐的救護車了，」郭婞淳有感而發地說。

陳樹菊也是從一開始默默行善，到後來因為行善，獲得國際肯定，讓郭婞淳深感認同。**行善並不是為了成名，而是為了幫助有需要的人**，但原本的善

郭婞淳樂於分享與給予，奉獻帶給她的喜悅成為她努力的動力，
也希望號召更多人一起行善。

念，若能因為報導曝光，進而獲得肯定，也許就能影響到更多人，讓更多人願意投入行善的行列，成為一個善的循環。這就是郭婞淳的期望，「樹菊阿嬤真的影響我很多，我相信她影響了許多人。」

成為號召者

郭婞淳還是會默默行善，但她面對許多公益邀約，有時會選擇公開讓更多人知道，「這是會傳染的！」有次，也在東京奧運拿下金牌的羽球選手李洋，就詢問她類似公益活動要怎麼參與的問題。郭婞淳非常開心，「像這樣的傳遞，有些可以讓更多人知道，號召更多人一起來做。」

儘管訓練與比賽的行程忙碌，郭婞淳總是會安排時間參加公益活動，尤其是故鄉台東的相關公益代言。郭婞淳二〇二二年又有了新身分，就是擔任「中華育幼機構兒童關懷協會」（CCSA）的活動大使，該協會幫助失家兒與自立少年，她以自身經歷鼓勵每個人，遭遇挫折絕對不要輕易放棄。參加代言活動會有相關費用，但她總是希望幫助更多人，她也選擇將這筆費用再捐回CCSA。

參與公益活動，為郭婞淳帶來滿滿的正向力量，她回憶之前去植物人安養中心參訪，有一名小朋友看到她非常開心，她奧運結束後再回到安養中心，就聽到該名小朋友因為病況好轉，已經離開安養中心，每每聽到這樣的好消息，就讓她充滿力量。

「女神」風範

奧運、亞運金牌加身，郭婞淳並沒有停下腳步，繼續挑戰二〇二四年的巴黎奧運。郭婞淳在東京奧運又哭又笑，說自己即將再戰巴黎奧運，她當然知道這絕非易事，包括更大的年紀、可能更強的對手，還有備賽期間等著她的高強度訓練，都是她第四度征戰奧運的挑戰。但她絲毫沒有懷疑，除了她想打破世界紀錄的自我實現以外，還有一個出乎意料的理由：希望透過自己在舉重上的表現，爭取更多資源，進而可以幫助需要的人。

對她來說，幫助人並不是期待未來得到回報，而是這麼做，能為她的心靈帶來滿足，更因為這樣的滿足，讓她對未來充滿動力，希望自己有更好的成績。她因為擁有這個目標，勇敢面對一切挑戰，**不只是為自己好，還要讓更多人可以好。**

媒體用「舉重女神」來形容郭婞淳，多半是說她精心打扮，展現出不同於其他舉重選手的美麗風貌。然而，她對感恩、回饋、奉獻的心，更展現出郭婞淳是名副其實的「女神」風範。

舉重若輕的影響力

從一個微小的善意開始，

從有多少能力就分享多少開始，

行善重要的不只是改善了什麼問題，

而是改變每個人，包括自己的心。

採訪後記

記錄，為留下成長的養分

葉士弘

其實，最早請我幫郭婞淳寫書的人，是郭婞淳自己。

直到今天，我還清楚記得，跟郭婞淳第一次碰面的場景。那是個晴朗的午後，我在國訓中心當時尚未拆遷的舉重訓練場外，採訪林敬能教練與郭婞淳，聽著林教練談著這名充滿潛力的舉重少女，用他一貫的自信與霸氣，儘管他當時尚未調教出世界級的頂尖好手，但他對郭婞淳充滿信心，相信她的舉重生涯才要開始，未來一片光明。

當時的郭婞淳還未滿十八歲，只是張著大眼看著我跟林教練對話，她當然沒有現在那麼鬼靈精怪與活潑，但既然是教練口中的明日之星，身為體育記者的我，當然要好好關注。

郭婞淳沒有讓人失望，未滿十九歲就站上奧運舞台，未滿二十歲就橫掃國際大賽金牌，更成為世界冠軍。林敬能教練口中的舉重新星，看來真有這麼回事。正當期待著郭婞淳要拿下奧、亞運金牌的時候，運動員最懼怕的嚴重傷勢襲來，打亂了不斷進步的節奏，卻給了她成長的養分。

接下來的故事，相信大家都知道了，郭婞淳很爭氣，我們就在採訪場合一直相遇。我們一起經歷三屆奧運、兩屆亞運，一起在台北世大運見證世界紀錄的誕生。她總是愛哭，輸了哭，贏了也哭，但她慢慢學會透過言語來抒發自己的想法，我才突然驚覺，那個晴朗午後結識的小女孩，早已長成一個懂事又成熟的頂尖好手。

用書說得更多、傳得更廣

郭婞淳繳出精采表現後，開始分享個人故事與經歷，有些是我早就知道的，有些則是專屬於她的心路歷程。不斷分享的過程當中，她知道自己的人生故事可以影響許多人，因此有了出書的念頭，因為透過書本，可以將她的故事傳遞給更多人。她有次跟我同事楊育欣聊到出書，就點名我，也許是這本書最適合的作者。

能幫郭婞淳寫書，該是個多麼大的榮幸啊！當天下文化跟我聯繫，邀請我為郭婞淳寫書的時候，我幾乎沒有遲疑，在根本搞不清楚有多困難的情況下，接下了這個重責大任，我那時候想，反正就是寫稿，平常也在寫，到底有什麼難的。

我太天真了！

看著電腦資料夾裡，總長度超過一天二十四小時的錄音檔，光整理就是一件大工程，更別提還要將它們變成故事。我不是專業作家，即使是文字工作者，但有條理的數萬字，真的一點都不簡單，加上我還有自己的平台要經營，說不掙扎是騙人的。但好在，真的是好在，天下文化的專業編輯們，給了我很大的空間，更給了我很多的協助，這本書能完成，她們該記頭功。

值得每個人知道的故事

每當我的繆思拋棄我的時候，我都會讓自己靜下心來，問自己為什麼要接下這個任務，每次都有答案，而且都是同一個，就是為郭婞淳留下紀錄。她的選手生涯既精采又光輝，她的故事值得每一個人知道，因為她傳遞的正向力量，會從她身邊慢慢擴散出去，影響到更多人。我總說，這是郭婞淳人生前半段的集大成，從這本書開始，一起期待她更精采的未來。

感謝林敬能教練、物理治療師周詣倫、體能訓練師鄭玉兒、寶桑國中林尚儀老師、婞淳媽媽郭燕瓏、高雄長庚醫院周文毅醫師，接受我的採訪。請容我用一點篇幅，特別感謝長庚生技董事長楊定一博士，他在百忙之中，依舊願意接受我的採訪，儘管是透過文字訪問，但楊博士的回答就像他本人在面前一樣，溫暖又生動，讓整本書的內容更加完整。

當然，最要感謝郭婞淳，因為有這麼努力的她，才有這麼感人的故事，能有機會為她留下紀錄，將會是我一輩子的光榮。

國家圖書館出版品預行編目（CIP）資料

郭婞淳：舉重若輕的婞念／郭婞淳等口述，葉士弘採訪撰文. -- 第一版. -- 臺北市：遠見天下文化出版股份有限公司, 2022.04
272面；14.8×21公分. --（心理勵志；BBP471）
ISBN 978-986-525-564-0（平裝）

1.CST：成功法 2.CST：自我實現 3.CST：自我肯定

177.2 111005046

心理勵志 471

郭婞淳

舉重若輕的婞念

口　述 —— 郭婞淳等
採訪撰文 —— 葉士弘

總編輯 —— 吳佩穎
責任編輯 —— 黃筱涵、黃安妮
封面與版型設計 —— Bianco Tsai
內頁排版 —— 中原造像股份有限公司
內頁照片 —— 郭婞淳、李天助提供
封面及內頁前八頁攝影 —— 宿昱星

出版者 —— 遠見天下文化出版股份有限公司
創辦人 —— 高希均、王力行
遠見．天下文化 事業群榮譽董事長 —— 高希均
遠見．天下文化 事業群董事長 —— 王力行
天下文化社長 —— 王力行
天下文化總經理 —— 鄧瑋羚
國際事務開發部兼版權中心總監 —— 潘欣
法律顧問 —— 理律法律事務所陳長文律師
著作權顧問 —— 魏啟翔律師
社址 —— 臺北市 104 松江路 93 巷 1 號
讀者服務專線 —— 02-2662-0012
傳真 —— 02-2662-0007；02-2662-0009
電子郵件信箱 —— cwpc@cwgv.com.tw
直接郵撥帳號 —— 1326703-6 號 遠見天下文化出版股份有限公司

製版廠 —— 中原造像股份有限公司
印刷廠 —— 中原造像股份有限公司
裝訂廠 —— 中原造像股份有限公司
登記證 —— 局版台業字第 2517 號
總經銷 —— 大和書報圖書股份有限公司　電話／（02）89902588
出版日期 —— 2022 年 4 月 29 日第一版第 1 次印行
2024 年 8 月 6 日第一版第 8 次印行

定價 —— NT 400 元
ISBN —— 978-986-525-564-0
EISBN —— 9789865255671（EPUB）；9789865255688（PDF）
書號 —— BBP471
天下文化官網 bookzone.cwgv.com.tw

天下文化

BELIEVE IN READING